Nikkei Test of Economic Sense and Thinking

日経経済知力テスト
公式テキスト&問題集
2024−25年版

NIKKEI TEST

JN039206

日本経済新聞社編

まえがき

　日経TEST（日経経済知力テスト）とは、日本経済新聞社が実施している、ビジネスに必要な経済知識と、それを仕事に応用して考える力（総合して経済知力）を客観的に測り、スコアで示すテストです。

　経済はめまぐるしく変化しています。多くのビジネスパーソンの皆さんは、日々、日本経済新聞などを通じて経済情報の吸収に努められていると思いますが、周囲に比べ「どこまで」できているか、過去の自分と比べ「どれだけ」成長したかは、客観的に評価しにくいものです。これから取り組まれる方や、就職を控えた学生の皆さんにとっては、「どこから」手をつければよいか、見当がつきにくいと思います。

　そうした皆さんに、「自分の経済知力がビジネス社会でどのレベルにあるか」を数値化して示すのが、日経TESTです。受験結果は英語能力のテストなどと同様、項目反応理論（IRT）に基づく統計処理を行った1000点満点の「経済知力スコア」で示します。業種、役職、就業年数によりどの程度のスコアが求められるのかの目安も設けています。

　スコアで実力が分かり、「どこまで」という目標が設定できるので、レベルアップの必要を痛感されている方、これから学ぼうという方には特に適しています。問題形式はすべて四肢択一式で100問、時間は80分。得意分野・不得意分野の診断も提供します。

　出題ジャンルは経済・金融・産業から、消費、科学技術、国際情勢まで幅広く、皆さんのそれぞれの仕事を掘り下げるうえで必要な分野をカバーしています。知識に基づき、考える力も測るのが特長で、独自の「5つの評価軸」を設けてそれぞれの力を測定しています。このように幅広い分野を対象に、仕事に応用して考える力も客観的に測るテストは、日経TEST以外にありません。

　出題の材料は「生きた経済」です。経済・ビジネスの最新の動きを題材に問題を更新しているので、経済ニュースへの感度を高め、そのつど考える習慣をつけておくことが、経済知力のアップに有効です。そのため本書

も毎年、「年版」を発行し、最新の経済動向を盛り込んだ解説と練習問題を収録してきました。

2024-25年版は第1〜3章の入門解説の構成を一新し、基礎知識、実践知識、視野の広さ（一般知識）として重要な項目をそれぞれ原則見開き2ページに整理したうえで図解・図表も充実し、テーマごとにポイントを頭に入れたり、知識を復習・確認したりしやすくしました。

また、第4〜5章の例題解説では、日経TESTの出題の4割を占める考える力を測る問題について、主な出題形式を整理・図解し、受験対策としての解説も充実しました。それぞれに盛り込んだテーマやデータも例年通り、最新の経済情勢に合わせて全面更新しています。

日経TESTはいわゆる資格試験や検定試験と異なり、このテキスト一冊をマスターすれば合格、というテストではありません。しかし、本書を読み通すことで、複雑に見える世界経済・日本経済の全体像がつかめ、難しいと感じていた日々の経済ニュースが頭に入りやすくなり、測定対象とする経済知力のアップにつながるはずです。

昨年版までと同様、練習問題とその解説も含め、新しい知識を吸収しながら楽しく読み進めることができる構成にしています。日経TESTを当面、受験する予定のない方にとっても、24〜25年の世界経済・日本経済のポイントをまとめてつかめる一冊として、お勧めします。

なお、日経TESTは個人でも法人単位でも受験できるテストセンター試験と全国一斉試験、法人単位で受験する企業・団体試験のメニューを用意しています。教育・研修に導入いただく企業も引き続き増えており、大きく変わる経済・ビジネス環境に対応したリスキリング（学び直し）のメニューの1つとしても役立つはずです。人材育成のリーダーとなる皆様もお手に取り、導入検討の材料にしていただければ幸いです。

2024年3月

日本経済新聞社 教育事業ユニット ゼネラルアドバイザー　石塚慎司

目次

第1章 基礎知識 Basic

第4章 知識を知恵にする力　Induction

第5章 知恵を活用する力　Deduction

本書の読み方・使い方

　日経 TEST の実際の試験では、この後のガイダンスで説明する「5 つの評価軸」に基づき、評価軸ごとに 20 問ずつ、合計 100 問を毎回、出題しています。本書はその評価軸を第 1〜5 章に分けました。

　「知識」を問う第 1〜3 章では、冒頭でその評価軸の出題趣旨を説明した後、問題を解くうえで必要な経済・ビジネス・一般知識に関する「入門解説」を項目別に掲載しました。その後に、実際の日経 TEST の出題形式に準じた「練習問題」を 20 問ずつ掲載しました。奇数ページに問題、その裏のページに正解と解説という構成です。「KEYWORD」は知っておきたいポイントを示します。

　「考える力」を問う第 4〜5 章については、入門解説の代わりに「例題解説」を掲載しました。それぞれの評価軸の主な出題形式を紹介し、どのように解答を得るかというプロセスも解説しています。

　最後に、日経 TEST を受験するうえで役に立つ、ジャンル別の出題範囲・テーマの整理と、学習法に関するアドバイスなどを補足した「まとめ・出題テーマと学習のコツ」を掲載しました。

　各章の練習問題は、入門解説では触れられなかったポイントや用語の知識も補足いただく狙いで編成しています。このため、入門解説で取り上げていないテーマやポイントの問題も多いことを、あらかじめご承知おきください。

　なお、実際の日経 TEST は能力測定が目的なので、問題形式は本書と同じですが、100 問を 80 分で解いていただくために短時間で答えられる問題、少し考える問題を取り交ぜ、テンポよく答えられるようになっています。これに対して本書内の問題は、「学習」が目的です。ポイントをつかんでいただくためやや単純だったり、印象に残るように実際のテスト問題よりややひねった設問もあります。

　また、解説・問題の内容や図表のデータは概ね 2024 年 1 月までの情報に基づいていることをお断りしておきます。

ガイダンス
（日経TESTとは）

Guidance

日経 TEST とは、ビジネスパーソンが仕事をするうえで必要な「知識」と、それに基づく「考える力」で構成される「経済知力」を客観的に測るテストです。日経 TEST とは、どのような仕組みなのか。能力を測る「5 つの評価軸」と、出題領域となる「6 つのジャンル」の内容とともに、問題が異なるどの回のテストを受けても同じ尺度で受験者の能力を測る、IRT（項目反応理論）テストの仕組みをご紹介します。

1. 日経 TEST の概要

　日経 TEST の正式名称は「日経経済知力テスト」。通称を英字で「TEST」としているのは、「経済知力テスト」を英訳した「Test of Economic Sense and Thinking」の頭文字、という意味を込めています。

　第1章以降の解説や練習問題にもたびたび登場するように、日本経済は人口減少やグローバル化に加え、急速に進むデジタル化への対応など、多くの課題に直面しています。ビジネスに携わる一人ひとりの人材力が、日本経済の国際競争力を高めるためにも、ますます重要となります。そのための基礎力の1つが、日経 TEST が測る、「経済知力」です。

　変化に対応しながら、ビジネスに取り組み、成果を上げることができる人材には、2つの要件があると考えられます。

　1つは、経済・ビジネスに関する知識の量と幅が十分であること。もう1つは、ストックした知識を活用する、考える力を備えていることです。前者に関しては、経済・ビジネス用語など言葉の意味を知るだけでなく、その仕組みや流れを的確につかんでいると、より高いレベルとなり、ビジネス上の思考活動に必要な情報を効率よく収集できるようになります。後者はいわば、知識からビジネスのアイデアの種を引き出す力です。知識に基づき情報を収集した後に、選別・整理した情報から「仮説」を構築したり、因果関係を考え出したりする力を意味します。

　この2つを総合したのが「経済知力」です。経済知力を高いレベルで保有している人ほど、最近の日本企業の中で特に求められている、新しい事業の創出など「イノベーションを起こせる人材（変革人材）」の条件を満たすと考えられます。この能力を客観的に測るアセスメントツールとして日本経済新聞社が開発したのが、日経 TEST です。

　「経済知力」というとやや難しく聞こえますが、企業の経営幹部が経営計画を練るような場合に限らず、一般社員が日常業務で問題解決を進める場合など、ビジネス上の思考活動では必ず、「知識」と「考える力」を動員

します。例えば、「新しい商品やサービスを開発する」という思考について考えてみましょう。進め方は多様ですが、以下のような流れが一般的と考えられます。

① 日ごろから情報のアンテナを高く立て、社会の動きや同業他社・他業界の動向を知識として押さえておく。
② 複数の知識や情報に共通する要素から仮説を構築し、「消費トレンド」や「ヒットの法則」を見いだす。
③ 見いだした「トレンド」や「法則」と自社の強みから、自社に最適な新しい商品やサービスを発想する。

このように、知識のストックと、それを活用する考える力が備わっていることで、新商品・サービスの開発という、ビジネス上の思考活動を円滑に進めることが可能になります。

言い換えると①は、他分野や他業界の情報まで網羅した「視野の広さ」、②は様々な目線で物事をとらえ、未来を見通して考えることができる「高い視座」、③はそこから新しいアイデアを発想できる「鋭い視点」を備えている人材ともいえます。

仕事にかかわる業種や地域が広がるほど、より多くの知識と提案力が必要になります。また、リーダーや管理職になるほど求められるレベルは高くなります。一つひとつの事例への答えはすべて異なるものですが、適切な答えを導く基礎力と応用力が身についているかどうかを客観的に測るのが、日経TESTの特長です。

2. 日経TESTの問題構成

　日経TESTは前項で述べた経済知力を、経済・ビジネス知識に関しては「基礎知識」「実践知識」「視野の広さ」の3つ、考える力に関しては「知識を知恵にする力」「知恵を活用する力」の2つの評価軸で測ります。それぞれの評価軸について、簡潔に説明しておきます。

● 基礎知識 ［Basic］

　経済・ビジネスを正しく理解するための基礎知識です。「GDP」「金利」など経済・経営に関する基本知識に加え、決算書の読み方など会計や、法律・働き方、マーケティングなどに関する実務的な知識も含みます。

● 実践知識 ［Knowledge］

　企業を取り巻く国内外の経営環境と、その変化に応じた対応（企業戦略）などに関する実践性の高い知識です。自社が属する業界だけでなく、他社・他業界や、新しいテクノロジーに関する知識なども求められます。

5つの評価軸の関連図

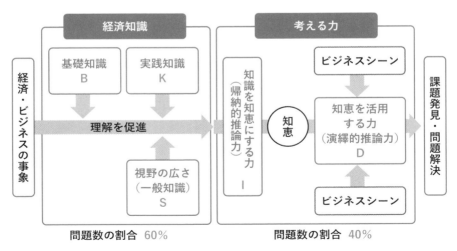

● 視野の広さ［Sensitive］

　流行など多様な社会現象や、国内外の政治、人口、環境、科学技術など狭義の「経済」の枠を超えた幅広い知識です。ビジネスの役に立ち、新しい事業アイデアの発想などにも結びつく視野の広さを問います。

● 知識を知恵にする力［Induction］

　知識として吸収した情報から法則・共通性（一般論）を見いだし、応用可能な知恵にする力です。いわゆる「帰納的推論力」で、複数の個別事例から共通するもの、異質なものを探すなどの形式で出題します。

● 知恵を活用する力［Deduction］

　法則・共通性（一般論）を個別の事象に当てはめ、結論を見いだす力を指します。いわゆる「演繹的推論力」で、事象を提示して結論を特定したり、結果を提示して原因を特定したりする形式で出題します。

　以上はやや抽象的ですが、第1章以降の「入門解説」と「例題解説」で、具体的に解説していきます。日経TESTの問題の構成としては、前のページの図のように「経済知識」に関して60問、「考える力」に関して40問という構成になっています。

3. 日経TESTの出題ジャンル

　問題の評価軸は前項の5つに分かれますが、問題が属する出題ジャンル（分野）に着目すると、以下の6つに分類されます。概ねバランスを考慮して出題しますが、「経営環境」「企業戦略」に属する問題の数がやや多くなります。

● 経営環境［Environment］

　企業の外部環境である世界経済・日本経済の仕組みや大きな流れに関する知識と、それに基づき考える力を対象にします。「考える力」の評価軸

では、表やグラフを読み取る力を問う問題もあります。

● 企業戦略［Corporate Strategy］

　主として環境変化に対応した個別の企業の経営・商品の特徴や、経営戦略などに関する問題です。前者は「実践知識」の評価軸、後者は「考える力」の評価軸で出題されることが多い分野です。

● 会計・財務［Finance］

　企業会計・財務については、「基礎知識」の評価軸の中で、実務的な知識を問うことが比較的多いジャンルです。金融商品・金融業界に関する実践知識や戦略なども、このジャンルで出題します。

● 法務・人事［Law］

　知的財産などビジネスに関連する法律や制度の知識もビジネスパーソンには欠かせません。働き方に関する法律などは特にそうです。知識を活用して判断する力や「視野の広さ」も問うジャンルです。

● マーケティング・販売［Marketing］

　一見、飽和している市場で、新しい需要をどう開拓し、商品やサービスをどう売るか。マーケティングは経済知力が最も発揮される分野ともいえます。課題や手法を共有するための基礎的な用語の知識も問います。

● 生産・テクノロジー［Technology］

　デジタル技術や人工知能（AI）など、これからのビジネスや事業展開に欠かせないテクノロジーに関する出題が増えています。生産技術に関する基礎的な知識や技術革新（イノベーション）などに関する考え方も問います。

　なお、評価軸の頭文字「B、K、S、I、D」、出題ジャンルの頭文字「E、C、F、L、M、T」は、評価軸別スコア、出題ジャンル別スコアの記号として、個人成績表の表示の際に使用しています。

4. 日経TESTのスコア

　日経TESTの結果である経済知力スコアは、受験者の経済知力の保有量を示します。1000点を「上限の目安」として表示します。スコアが示す能力については、以下の目安を設定しています。日経TESTの過去受験者の平均スコアは500点強です。スコアが概ね600点以上で上位25%以内に入ります。

スコア	能力評価のポイント
700点〜	経済に関する広く深い知識をベースにした高い視座と広い視野を有し、経済全体の流れをつかみ、鋭い視点を武器に先を読む力に秀でる。組織全体の経営をリードし、変革を主導する素地を持つ。
600点〜700点	経済に関する必要かつ十分な知識をベースとした視野の広さや確かな視点に基づく思考力を有し、先を読む力を持つ。部門をマネジメントし、組織変革の中核的人材になる素地を持つ。
400点〜600点	経済に関する基本的な知識を有しており、これをもとに日々の業務を着実に遂行できる。部門の中核的人材として、組織力の強化に欠かせない人材である。
〜400点	ビジネス活動に必要な経済に関する基本的な知識を蓄積する途上にある。

　経済知力スコアは、項目反応理論（IRT ＝ Item Response Theory）と呼ばれる統計モデルを使って算出しています。これにより定期的な受験による個人の能力の継続比較が可能になっています。テスト結果から自分の実力レベルが分かり、次に目指すレベルが明確になります。

IRTとは

日経TESTのように毎回、問題と受験者が異なる試験の場合、100点満点中何点という「素点」の比較では、結果が各回の難易度やそのときの受験者のレベルに左右されてしまいます。IRTとは、異なる問題からなるテストの結果を互いに比較するために開発されたテスト理論で、経済協力開発機構（OECD）の「PISA」（学習到達度調査）や国際的な英語検定試験「TOEFL」などでも使われています。

5. 個人成績表

　日経TESTを受験する方法としては、個人でも法人単位でも受験できるテストセンター試験と全国一斉試験、法人単位で随時受験できる企業・団体試験があります。

　受験後には、経済知力スコアなどを表示した個人成績表を提供します。試験の種類によって、提供のタイミングは異なります。以下の情報が掲載されています。

経済知力スコア

　前項で説明したIRTにより、常に同じ尺度で受験者の能力を測定できるように工夫されています。上限の目安は1000点です。

評価軸別スコア

　5つの評価軸別のスコアを、それぞれ100点を上限の目安にして表示します。知識と考える力を測る5つの評価軸の中でどれが得意でどれが苦手かを示します。

出題ジャンル別スコア

　6つのジャンル別のスコアを、それぞれ100点を上限の目安にして表示します。得意分野と苦手分野が分かります。

　評価軸別、出題ジャンル別のスコアも経済知力スコア同様、IRTで算出しており、強みと弱み（得意と苦手）が客観的に示されます。日経TESTの全受験者の中での相対的な位置が分かるパーセンタイルランクなどの情報も提供します。

　苦手な分野を自覚することで知識や知力の強化に努め、成長を測ることができるのが、日経TESTの特長です。受験方法などの詳細は、末尾の「日経TESTの実施要項、種類など」をご覧ください。

第 1 章

基礎知識

Basic

経済・ビジネスで起きていることを正しく理解するために、「経済・経営の基本常識」と「実務常識（ビジネスに不可欠な基礎知識）」の2つの知識を問うのが、この評価軸です。日本経済新聞などで報じられる日々の経済ニュースを理解する前提となる知識が前者、実際に仕事をするうえでも役立つ知識が後者です。

この章の入門解説では、知っておくべきマクロ、ミクロの基礎知識を21項目に整理して解説します。第2章で取り上げる「実践知識」や、第4〜5章で取り上げる「考える力」を測る問題など、日経TESTで問われるテーマ全体を理解するうえでのベースになります。

経済のマクロとミクロ

- 国の経済全体の動きは企業や個人の経済活動の積み重ね
- すべて足した方向が「景気」、経済を理解し語るキーワード
- マクロでは「GDP」、ミクロでは「企業業績」がポイント

　本書を読み始めた皆さんの多くは、「経済は難しい」「数字が多くてなじみにくい」といった印象を持っていると思います。ビジネス経験を積み、日本経済新聞を普段からご愛読いただいている皆さんの中にも、ご自分の仕事に関連しないニュースや経済全体の動きにいまひとつ実感がわかないという方が多いのではないでしょうか。

　日々接する経済ニュース、例えば日経新聞の記事を読む場合、まずは以下のように整理してみてください。

　経済の動きは、マクロ（国の経済全体）の動きと、ミクロ（個別の会社や個人）の動きに大きく分かれます。「景気」や「日本経済」「世界経済」という前者の動きは、後者の一つひとつの企業や個人（家計）の経済活動の積み重ねです。一つひとつの企業や家計を見ると、好不調や豊かさは

図表 1-1

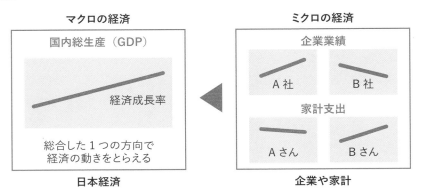

様々ですが、すべてを足すと一定の方向があります。それがいわゆる「景気」です。

　後者（ミクロ）についてはまず、世の中に様々な会社があることを知っておくことが大事です。日本にある「会社」の数はおよそ約400万社といわれますが、総務省が5年ごとに実施する「経済センサス」の直近2021年調査によると、日本の企業数は全国で約368万社、このうち4割強の約162万社は、いわゆる個人事業主（個人企業）です。

　残りが「法人企業」ですが、このうちいわゆる大企業（資本金や従業員数から中小企業に分類されない企業）は約1万社、株式を公開している上場企業の数はその4割の約4000社です。いわゆる大企業については、BtoC（消費者向けビジネス）の企業名は耳にしたことがあっても、BtoB（法人向けビジネス）の企業名を聞いても事業内容がよく分からない場合も多いと思います。日本の産業構造の変化から見るとBtoBビジネスの成長性が大きく、「隠れた優良企業」が多いといわれます。「優良企業とは何か」の定義も難しいのですが、前提となるのは利益を上げていることです。それが分かるのが決算に表れる「企業業績」です。一つひとつの企業の動きは、経済全体につながっています。

　経済になじむ最初の一歩として、「景気」と「企業業績」の知識を正しく押さえておくと、マクロのニュースもミクロのニュースも頭に入りやすくなります。新聞に掲載される日々の経済記事の大半は、この2つに関する基礎的な知識は既に持っているという前提で、省いて書かれています。「難しい」と感じるのは、そのためだと思います。本章の入門解説では、その「前提」となっている基礎知識をテーマ別に整理し、図解も加えながら解説していきます。

　マクロでもミクロでも景気が「良い」「悪い」という言葉は、漠然と使いがちです。ビジネスパーソンであれば、経済全体の動きと、その中で自分に関連する業界・会社の景気はどうかを、具体的なデータ（数字）を伴って理解し、説明したいところです。そのためのデータが、いわゆる「経済指標」「景気指標」です。次項でまず、国の経済全体の動きを示す経済指標、国内総生産（GDP）から、学んでいきます。

GDP

- 経済全体の水準をつかむGDP、その増加率が経済成長
- 3カ月ごとに速報、前期に比べた増減の年率換算に注目
- 「支出」から推計、個人消費が5割以上を占める

　国の経済全体の動きを示す最も重要な指標が国内総生産（GDP）です。農業など第1次産業から流通・サービスなど第3次産業まで、国内のすべての事業者が稼いだ「もうけ」（売上高から原材料など「中間生産物」を引いたもの）の合計です。

　これは企業業績でいえば、本章の後半で説明する粗利（売上総利益）にあたります。図表1-2のように、原材料を供給する会社、それを加工し製品にする会社、製品を消費者に売る会社がそれぞれ積み上げた付加価値を国全体で足したのがGDPとイメージしてください。

　この指標は、政府（日本では内閣府）が四半期（3カ月）ごとに「年間でいくらになるか」の金額を推計して、「前の期（前の3カ月）に比べて何％増減したか」を発表します。四半期別GDP速報といい、この「何％

図表 1-2 ─────────────────────────────

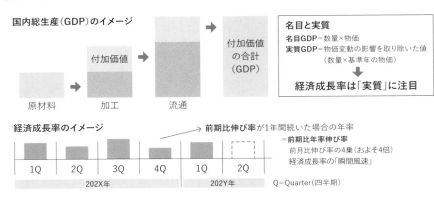

増減したか」が、「経済成長率」です。内閣府の発表の際に大きく報じられるのは、前の四半期に比べた成長率が1年間続いた場合の「前期比年率」の伸び率ですが、これはその時点の成長率のいわば瞬間風速です。

　次に、GDPの内訳を見ます。「生産」で生まれた付加価値は、所得として「分配」され、その所得は「支出」として消費や投資などに回ります。「この3つ＝生産・分配・支出＝が等しい」というのがGDPの統計の基本となる考え方で、「3面等価」といいます。政府が発表するGDPはこの考えに基づき、統計が早くまとまる支出の側から推計されています。

　支出面から見た日本のGDPの最近の構成割合を図表1-3に示しました。家計が支出する個人消費が50％台と半分以上を占めます。25％以上を占める政府支出は医療や介護への費用負担や公務員への給与など政府消費（20％程度）と公共投資（5％程度）の合計です。企業の設備投資が15％以上あります。

　海外については、輸出がGDP比で20％程度ありますが、輸入も同程度あります。このためGDPを計算する際の純輸出（輸出－輸入）の割合はわずかです。輸入が輸出を上回ればマイナスになりますが、輸入増加は経済活動が活発であることも映すので、悪いことではありません。家計と企業の需要が伸びてGDP全体をけん引していれば「内需主導の成長」、純輸出の伸びがけん引していれば「外需主導の成長」などといいます。

図表 1-3

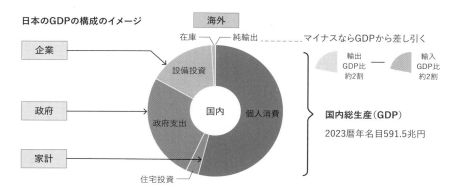

日本のGDPの構成のイメージ

日本経済の位置

- 総額で世界4位へ、1人当たりでは30位台に低迷
- 1人当たり上位国の顔ぶれ、金融で稼ぐ小国や資源国
- 2010年に日中逆転、経済規模の差は3対1に広がる

　国内総生産（GDP）は、各国が国連の定めた国際基準に沿って作成している統計なので、世界の国・地域を比較することが可能です。日本の名目GDPは2022年時点、総額では世界3位でしたが、1人当たりGDPで見ると、国際通貨基金（IMF）による国・地域の集計で32位（それぞれIMF世界見通し23年10月）という位置にあります。ドルベースの比較なので円安が影響し、IMFの予測では23年時点になると総額でドイツに抜かれ、4位となる見通しです。

　1人当たりGDPはルクセンブルク、アイルランド、スイス、シンガポールなど主に金融で稼ぎ人口が少ない国や、ノルウェー、カタールなど資源国が上位を占めます。例えばルクセンブルクはフランスとドイツにはさまれた人口約60万人の小国で、GDPの9割近くを金融サービスで稼ぎます。

図表 1-4

世界経済における日本経済の位置 （ドル換算、2022 年）

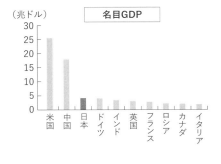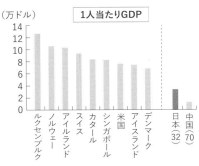

（資料）国際通貨基金（IMF）世界経済見通し（2023年10月）。1人当たりの日本、中国のカッコ内は順位

総額1位の米国も1人当たりでは7位で、主要7カ国（G7）のドイツや英国、フランスも20位台ですが、32位になった日本はこれまでG7最下位だったイタリア（31位）の順位を1つ下回りました。GDPの総額がほぼ並んだドイツの人口は日本のほぼ3分の2なので、1人当たりGDPは日本が3.4万ドルに対しドイツは4.9万ドルです。

2000年時点の世界の1人当たりGDPランキングを振り返ってみると、首位は22年と同じルクセンブルクでしたが、日本は同国に次ぐ2位で、当時3位だったスイスや5位だった米国を上回っていました。最近の順位低下には円安が大きく影響しているとはいえ、日本がここ20年、円建てで見ても平均1%に満たない成長率で低迷している間に、各国に次々に抜かれた格好です。

1990年代初めのバブル経済崩壊以降を「失われた30年」と呼ぶことがあります。バブル崩壊後の1994年の日本の名目GDPは約510兆円でした。インフレが進んだことで24年には600兆円をやっと突破する見通しですが、およそ30年間、500兆円台にとどまったことになります。

図表1-5は、1990年からの日本と中国のドル換算でのGDPの推移です。90年代に日本の1〜2割台だった中国のGDPは、日本が足踏みしている間に急速に成長し、2010年には日本を抜き、22年には日本の3倍超になっています。

図表 1-5 ─────────────────────────

日本と中国の名目GDPの推移（ドル換算）

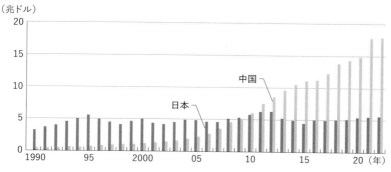

（資料）IMF世界経済見通し（2023年10月）

景気指標

● 景気動向指数、先行・一致・遅行の３系列の指標を総合
● 「谷」から「山」が景気回復、期間は長くても勢いは鈍く
● 景気の先を読む日銀短観、業況判断指数（DI）に注目

　国内総生産（GDP）は景気の「水準」を示すものでしたが、変動の大きさやテンポ（量感）を示すのが景気動向指数です。景気が拡大しているかどうかはその指数も踏まえて、内閣府が毎月発表する「月例経済報告」（景気に関する政府の公式見解をまとめた報告書）で、概ねの判断を示します。景気動向指数には短期的なアップダウンもあるので、どこが「山」「谷」だったか（谷から山までが拡大期間、山から谷までが後退期間）は、経済学者らの意見を踏まえて、内閣府が認定します。

　景気動向指数は、景気に先行して動く「先行指数」と、ほぼ同時に動く「一致指数」、遅れて動く「遅行指数」で構成されます。それぞれ基礎となる統計の動きを合成し、指数化しています。

　景気は、方向として回復している「期間」だけではなく、その勢いや水

図表 1-6

景気動向指数と景気回復期間（網掛け部分が景気後退期、2020 年＝ 100）

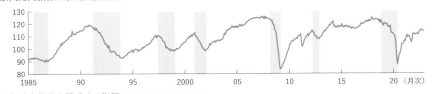

景気動向指数を構成する指標（30 指標のうち主なもの）

先行指数	一致指数	遅行指数
新規求人数（除学卒）	生産指数（鉱工業）	第3次産業活動指数
実質機械受注	輸出数量指数	家計消費支出
新設住宅着工床面積	商業販売額	法人税収入
東証株価指数	有効求人倍率（除学卒）	完全失業率

（資料）内閣府

準も重要です。日本の高度経済成長期、1965〜71年に57カ月続いた「いざなぎ景気」の平均成長率は11.5%ありました。86〜91年に51カ月続いた「バブル景気」の際は5.4%。第2次安倍晋三政権が発足した2012年12月から始まり、「アベノミクス景気」とも呼ばれた景気拡大局面は、期間71カ月と「いざなみ景気」（02〜08年）の73カ月に迫りましたが、平均成長率は1.2%でした。

　経済指標をビジネスに役立てる、という意味では、「これからどうなる」という先行きの予測が重要です。実際の経済活動の結果を集計した経済指標とは別に、企業が景気の現状や先行きをどう見ているかが分かる重要な調査として「日銀短観」があります。正式名称を全国企業短期経済観測調査といい、日銀が全国の企業（金融機関を除く大企業・中堅企業・中小企業約21万社の母集団から抽出した約9000社）の経営者から景況感などの経営状況を聞き取り、3カ月ごとに発表します。景況感を「良い」と答えた企業の割合（%）から「悪い」と答えた企業の割合（%）を引いて算出する業況判断指数（DI）が注目されます。

　内閣府の「景気ウオッチャー調査」も、タクシー運転手ら約2000人に景況感を聞いたDIを発表しています。経営者の見通しや働く人の実感を聞いたこうした調査の結果は、「ハードデータ」と呼ぶ実際の経済活動の指標に対して、「ソフトデータ」と呼びます。

図表 1-7 ──────────

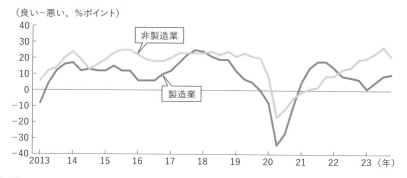

日銀短観・業況判断指数の動き（大企業）

（資料）日銀

雇用と物価

- 日本の完全失業率は人手不足経済を映し3%割る水準
- 消費者物価は経済の「体温計」、日本は長らく低体温
- デフレ体質から脱却し「良い物価上昇」への転換なるか

　経済・景気の現状を示す重要な指標として、「雇用」と「物価」があります。まず、それぞれの指標の推移を見ます。

　雇用に関する指標には、総務省が発表する完全失業率と、厚生労働省が発表する有効求人倍率があります。完全失業率の計算の仕方は「完全失業者数÷労働力人口」で、分子の完全失業者は「働く意思があり、職探しをしている人」です。有効求人倍率は、全国のハローワーク（公共職業安定所）で仕事を探す人1人に何件の求人があるかを示します。

　景気との関係では、景気が上向くと、まず新規の求人が増え、次に有効求人倍率が上昇します。完全失業率はやや遅れて動くのが普通です。企業は雇用を徐々に調整するからです。日本の完全失業率はここ10年あまり、主要国の中では最も低い、3%を下回る水準が続いています。人口減少に

図表 1-8 ──────────────

雇用に関する指標の動き （年次）

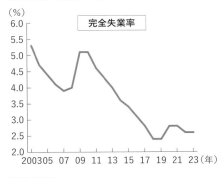

(資料) 総務省

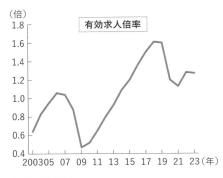

(資料) 厚生労働省

よる人手不足経済を反映していますが、雇用がひっ迫している割に賃金が上がりにくいのが海外、特に米国と比べた日本の特徴です。

　消費者物価指数は、全国の平均的な家計が消費している商品やサービスの価格を指数化した経済指標で、「経済の体温計」とも呼ばれます。

　物価が総じて上がるのがインフレです。穏やかに物価が上昇する状態が経済にとって望ましいとされますが、図表1-9のようにここ30年、2008年のリーマン危機前の一時期や消費税導入・税率引き上げ時以外は低迷してきました。これが、物価が継続して下落するデフレです。

　20年後半以降、コロナ危機から経済が回復する中で、米国や欧州では消費者物価が大きく上昇。22年に入るとロシアのウクライナ侵攻による資源価格上昇の影響が加わり、米国では一時、前年同月比9％台、欧州では同10％台の物価上昇を記録しました。日本は22年、原材料など「川上」にあたる企業物価指数（日銀が調査・発表）の上昇率が一時10％を超えたものの消費者物価上昇率は依然、上がりにくい状態が続きましたが、23年に入ると一時、4％を上回りました。

　この物価上昇が資源価格上昇による一過性のものでなく、賃金の上昇につながり消費が拡大する「良い物価上昇」になれば、日本経済は長らく続いたデフレ（いわば低体温経済）から脱却します。消費者物価指数は金融政策の目標となる指標であり、「金融政策」の項で改めて取り上げます。

図表 1-9 ────────────────────────────

消費者物価指数の動き（生鮮食品を除く総合、月次）

（前年同月比、％）

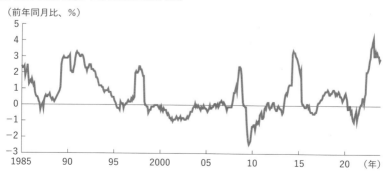

（資料）総務省

財政

- 国の財政、一般会計当初予算で100兆円超える規模
- 歳出の3分の1は社会保障関係費、歳入の3割は借金
- 「団塊の世代」の後期高齢者入りで歳出さらに膨らむ

　国や地方自治体は、道路などインフラを整備するほか、様々な公共サービスを提供しています。それに伴う収支が財政です。政府の予算（一般会計）の規模は2024年度の当初予算案で112.6兆円でした。

　歳出で最も大きな割合を占めるのが社会保障関係費で、その内訳は年金、医療、介護、子ども・子育てなど。地方交付税交付金等は全国どこでも一定の公共サービス水準が維持されるように国が調整して自治体に配る経費です。国債費は国債の償還（元本返済）と利払いに充てます。歳入のうち税収などでまかなえているのは約7割で、残りは国債による借金（公債金）です。

　そのほか23年度から大幅に増えているのが防衛費で、22年度は国内総生産（GDP）比約1%、5.4兆円でしたが、27年度には11兆円（防衛省所

図表 1-10

2024年度一般会計予算案の内訳

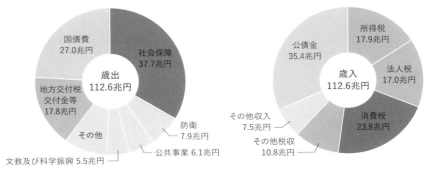

（資料）財務省

管以外の関連予算も含む）に増額していく計画です。

　図表1-11は1990年度以降の歳出と税収の推移です。90年度は歳出も税収も60兆円台でした。89年から消費税が導入されていましたが、当時の税率は3％、税収の多くは所得税と法人税だったのでバブル崩壊後、税収は伸び悩みました。その後、税率が3度引き上げられた消費税収は増えたものの、歳出はリーマン危機翌年の09年度、東日本大震災の11年度を経て100兆円を超え、税収と歳出の差が広がりました。

　歳出が増えた最大の理由は、社会保障関係費の増加です。90年度の当初予算で11.6兆円だった社会保障関係費は22年度36.3兆円と、およそ25兆円も増えました。年々積み上がってきた国と地方の長期債務は22年度末時点で国が約1068兆円、地方が約188兆円で合計1200兆円を突破し、名目GDPのおよそ2倍です。社会保障関係費が急増したのは高齢化率（総人口に占める65歳以上の人口の割合）が急速に上昇し、主要国の中で最も高くなったためです。25年度にはいわゆる「団塊の世代」の全員が後期高齢者（75歳以上）になり、医療・介護費用の急増が見込まれます。

　毎年度の収支でフローの赤字がこれ以上積み上がるのを防ぐ、「基礎的財政収支（プライマリーバランス＝PB）の黒字化」が、たびたび議論されてきました。歳出のうち国債費を除いた政策的経費を、税収などでまかなえるようにする考え方です。

図表 1-11

一般会計歳出・歳入・国債発行額の推移（補正予算後、決算ベース）

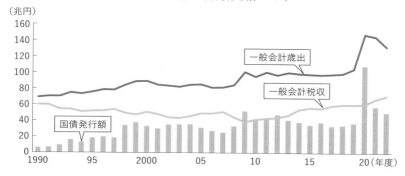

（資料）財務省

金利と金融市場

- お金の貸し借りの値段が金利、需要が多ければ上昇
- 期間1年未満の貸し借りが短期、1年以上が長期金利
- 債券市場での国債取引、価格が上昇すれば金利は低下

　金融については2つの項目に分けて解説します。まず金利と金融市場の基本的な仕組みについてです。

　金融の基本的な役割は、お金の余っている人から、お金が不足している人に、お金を融通することです。直接金融と間接金融があります。直接金融ではお金を必要とする企業が株式や債券を発行し、個人などからお金を直接、調達します。

　間接金融では銀行が間に入り、個人や企業から預かったお金を企業などに貸し出します。金利はお金の貸し借りの値段で、需要と供給の関係にあり、一般に経済が好調な時は、借り手が投資をするための資金需要が増え、金利は上昇します。経済が不調であれば、その逆です。金利は期間1年未満を短期金利、期間1年以上を長期金利と呼び、一般に期間が長くな

図表 1-12

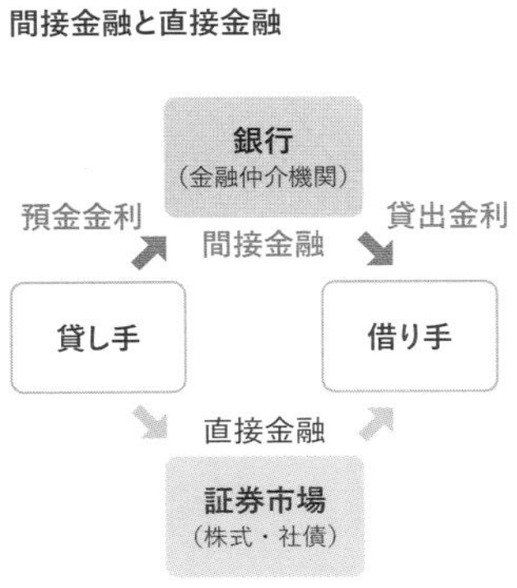

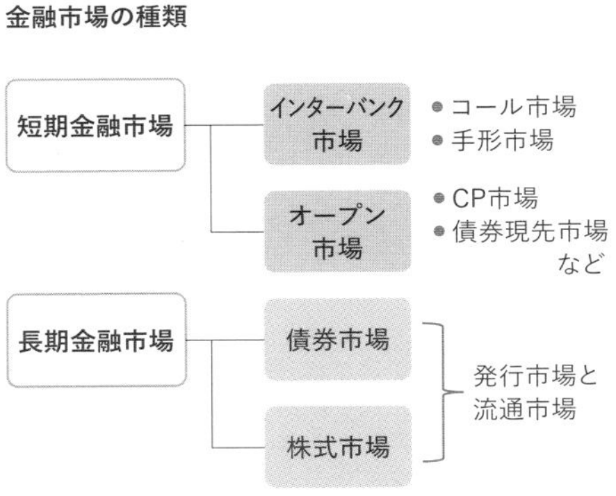

間接金融と直接金融

金融市場の種類

るほど金利が高くなります。

　期間1年未満のお金を融通し合うのが短期金融市場です。金融機関どうしがお金の過不足を埋めるのがインターバンク市場で、「無担保コール翌日物」という、1日単位の貸し借りの金利が代表的な短期金利です。金融機関以外（事業会社）も参加するのがオープン市場です。ここでは企業が短期の資金繰りのために発行するコマーシャルペーパー（CP）市場や、国債などを一定期間後に買い戻す（売り戻す）ことを条件に売買する債券現先市場などがあります。

　長期金融市場は、お金が必要な企業が株式や債券を発行して投資家に購入してもらう市場ですが、ここでは債券市場について解説します。

　債券の価格も需給関係で決まるので、買いたい人が増えれば価格は上がり、その逆なら価格は低下します。例えば額面が100円で1年後の表面利率が2％の債券の価格が上がり101円で買えば1年後の受取額は102円、利回りは1％弱ですが、価格が下がって99円で買った場合、1年後に102円受け取れるので、1年後の利回りは3％強になります。

　債券市場で主に取引され、長期金利の指標になっているのが、新規に発行された10年物国債の利回りです。「銀行の銀行」の役割を果たす中央銀行は、以上の短期、長期の金融市場に参加し、様々な手段で金利の動きに働きかけています。これが金融政策で、次の項目で解説します。

図表 1-13

国債の価格と長期金利の関係

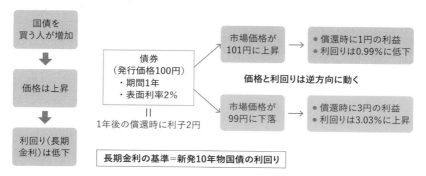

| 国債を買う人が増加 | → | 価格は上昇 | → | 利回り（長期金利）は低下 |

長期金利の基準＝新発10年物国債の利回り

金融政策

- 金融政策の基本は金利とオペでの「緩和」と「引き締め」
- 米欧は利上げ、日銀の異次元金融緩和政策も転機に
- 中央銀行の政策決定イベントに注目、日米欧とも年8回

　中央銀行が金利や出回るお金の量を調節して物価（モノやサービス全体の価格＝消費者物価）を安定させるのが金融政策です。景気が拡大し過ぎて急激な物価上昇の懸念がある場合は金利を上げてお金を吸い上げ過熱を抑え（金融引き締め）、その逆の場合は金利を下げて市場にお金を供給して景気を刺激（金融緩和）するのが基本です。その上げ下げの対象となるのが政策金利、また、金融市場を通じた調節が公開市場操作（オペレーション）です。金融市場で日銀が国債などを買い入れる「買いオペ」は資金を供給、逆に日銀が売る「売りオペ」は資金を吸収します。

　米国の政策金利はFF（フェデラルファンド）金利と呼び、民間銀行が資金をやりとりする際の短期金利の誘導目標です。日本は金融機関が日銀にお金を預ける「日銀当座預金」の一部の金利を政策金利としています。3

図表 1-14

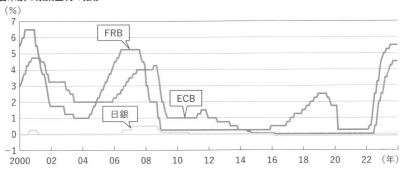

日米欧の政策金利の推移

（資料）各国中央銀行。米国（FRB）はフェデラルファンド金利の上限

32

階層に分かれた金利の一部（政策金利残高）を2016年から「マイナス0.1%」にして日銀にお金を預け過ぎると損をするようにし、出回るお金の量を増やす目的で導入したのが「マイナス金利政策」です。

1997年ごろからデフレに陥っていた日本の政策金利は図表1-14のように2000年ごろからほぼゼロと、下げる余地がなくなっていました。黒田東彦日銀総裁が就任した13年3月からは、出回るお金の「量」（マネタリーベース）を金融政策の目標にし、国債の買い入れを大幅に増やす（「2年で2倍」）ほか、上場投資信託（ETF）を通じて従来は買い入れの対象ではなかった株式などのリスク資産も買い入れる「量的・質的金融緩和」政策をとりました。「異次元金融緩和」とも呼びます。

16年からは長期金利にも目標（ほぼ0%）を設けて指定した利回りになるまで日銀が無制限に国債を買い入れる長短金利操作（イールドカーブ・コントロール）も導入しました。米欧の中央銀行が金融引き締めに転じる中、日銀は23年3月の植田和男総裁への交代後も24年1月までこの政策（長短金利操作付きマイナス金利政策）を維持してきましたが、長期金利の誘導目標を徐々に引き上げるなど、転機を迎えています。

金融政策を決める中央銀行は各国とも政府から独立した存在です。日米欧の中央銀行が金融政策を決める会合はそれぞれ年8回開催され、世界の市場関係者の注目を集めるイベントになっています。

図表 1-15 ────────

日米欧の中央銀行

	日本（日銀）	米国（連邦準備理事会＝FRB）	欧州（欧州中央銀行＝ECB）
名称	金融政策決定会合	連邦公開市場委員会（FOMC）	ECB政策理事会
頻度	年8回	年8回	6週間ごと
構成	総裁 副総裁（2人） 審議委員（6人） （最高意思決定機関である政策委員会を構成。任期5年、衆参両院の同意を得て内閣が任命）	議長 副議長（2人） 理事（5人） 地区連邦銀行総裁（5人、12地区連銀総裁の輪番、NY連銀は常に含む）	総裁 副総裁（1人） 理事（4人） 各国中央銀行総裁（16人、ユーロ参加20カ国の輪番）
政府の関与	●出席権 ●議案提出権と議決延期を求める権利	（政府はFOMCに出席することを認められていない）	●出席権 ●議案提出権（閣僚理事会議長）

（資料）日銀

経常収支

- 稼ぐ力鈍る貿易収支、資源価格の大幅上昇で赤字に
- 第1次所得収支の黒字で穴埋め、大幅な黒字は維持
- 日本の対外純資産は世界一、「成熟した債権国」の段階

　経常収支は、貿易や投資など海外との経済取引で生じた収支を示す指標です。自動車などモノの輸出から輸入を差し引いた貿易収支、旅行や特許使用料などのサービス収支、海外からの利子や配当を示す第1次所得収支、政府開発援助（ODA）などの第2次所得収支から構成されます。

　日本経済は「貿易立国」として輸出で大幅な黒字を稼いできましたが、資源・エネルギーの大半を輸入しているため、資源価格が上がると輸入額が増加し収支が悪化します。図表1-16は2000年代に入ってからの日本の経常収支の推移です。経常黒字の半分程度を稼いでいた貿易収支は08年度に大きく落ち込みました。このころ中国など新興国経済が大きく拡大し原油価格が1バレル＝100ドルを超す水準に高騰した影響です。

　11年度には東日本大震災による東京電力福島第1原子力発電所事故で国

図表 1-16 ——————————————————————————————

日本の経常収支の推移

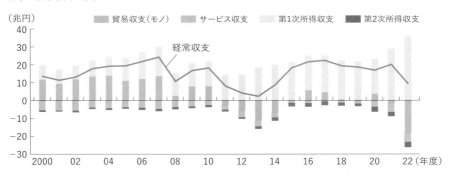

（資料）財務省

内の全原発が停止したことで火力発電用燃料の輸入が大幅に増え、貿易収支は14年度まで赤字に転じました。21年度から再び始まった原油価格の上昇がロシアのウクライナ侵攻で拍車がかかる一方、円安が急速に進み、22年度の貿易赤字は過去最高の18兆円を超えました。22年度の輸出入の内訳を見ると、輸入が約117兆円と前年比約30兆円増える中で、輸出は99兆円と同約14兆円増にとどまっています。

サービス収支は一貫して赤字基調ですが、訪日外国人が急増した15年度から旅行収支が黒字に転じ、コロナ禍前の19年度までの赤字幅は大きく縮小しました。

貿易収支に代わって日本の経常収支の黒字を支えているのが第1次所得収支です。05年度から貿易収支の黒字を上回っており、22年度も35兆円を超す黒字となりました。これにより22年度も9兆円を稼いだ経常黒字は、図表1-17に示した「対外純資産」として貯め込まれています。日本の対外純資産は22年末で418.6兆円と、32年続けて世界一です。これが、日本が巨額の財政赤字を国内のお金だけで賄えている理由です。

国の経常収支の構成の移り変わりに関しては、経済学に「6つの発展段階」という考え方があります。日本はいま、その発展段階の5番目で、貿易・サービス収支の赤字を所得収支の黒字で補う「成熟した債権国」の段階にあると指摘されています。

図表1-17

主要国・地域の対外純資産

（2022年末、兆円、▲は赤字）

日本	419
ドイツ	389
中国	336
香港	234
ノルウェー	157
〜〜〜	
英国	▲43
フランス	▲98
米国	▲2138

国際収支の発展段階説

	貿易収支	所得収支	経常収支	対外純資産
未成熟な債務国	赤字	赤字	赤字	赤字
成熟した債務国	黒字	赤字	赤字	赤字
債務返済国	大幅な黒字	赤字	黒字	赤字
未成熟な債権国	黒字	黒字	大幅な黒字	黒字
成熟した債権国	**赤字**	**大幅な黒字**	**黒字**	**大幅な黒字**
債権取り崩し国	赤字	黒字	赤字	黒字

（資料）財務省

（資料）英国の経済学者ジェフリー・クローサーの学説から

為替市場

- 世界で24時間取引、利ザヤ求める投機が相場を動かす
- 1ドル＝80円を割る円高から150円に迫る超円安に
- 過度の円安は「交易損失」、輸出企業にメリット薄れる

　円とドルなど外国通貨を交換するのが外国為替市場です。ある時点で1ドル＝120円だった円ドルのレートが110円になるとドルに対して円の値打ちが上がるので、「円が上昇し10円の円高」。130円になると、円の値打ちが下がるので、「円が下落し10円の円安」です。

　市場と言っても株式のように取引所があるわけではありません。為替相場のニュースで報じられる「東京市場」には、金融機関が直接または外為ブローカーを通して行う「インターバンク取引」と企業や個人が金融機関と行う「対顧客取引」の2つの枠組みがあります。図表1-18のようにニューヨークやロンドンなど世界の市場で24時間、取引されています。

　為替の取引には「実需」と呼ばれる実際の需要によるものがまずあります。輸出業者が受け取った外貨を円に換えたり、輸入業者が円を売り外貨

図表 1-18

外国為替市場の仕組みと世界の外為市場の取引時間帯（日本時間、めやす）

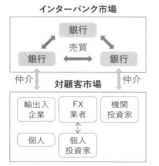

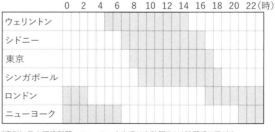

（資料）日本経済新聞。ニューヨーク市場は冬時間中は1時間繰り下がる

を調達したりするのが実需です。ただし、日々の為替取引を見ると、実需による取引はわずかです。大半は投資マネーが利ザヤを求めて売買する動き（投機）であり、これにより為替レートが変動しています。機関投資家やその資金を運用するヘッジファンドのほか、外国為替証拠金取引（FX）を手掛ける個人投資家の円ドル売買も拡大しています。

　図表1-19は2000年代以降の円ドル相場の推移です。11〜12年には1ドル＝80円を割る円高になった時期もありました。その後は110〜120円と比較的円安の時期が続きましたが、22年は年初に110円だった円相場が150円近くまで上昇する「超円安」が進みました。この円安進行にはいくつか理由がありますが、最も大きいのは「金融政策」の項目でも解説した日米の金利差です。米国の利上げ打ち止めや日本の金融緩和見直しのニュースが報じられると、為替相場は円高が進みやすくなっています。

　円安は日本企業の輸出競争力を高めるため、日本経済全体にとって望ましいとされていますが、製造業の多くが海外に生産拠点を移す中でメリットが薄らぎ、デメリットも目立ってきました。円が安くなると円の価値が下がり、1ドル＝100円が120円になれば、これまで100円で買えていたモノが120円払わないと買えなくなります。輸入物価に対する輸出物価の比率を「交易条件」といいます。この交易条件の悪化は「経常収支」の項目で解説したように貿易収支の悪化となって表れます。

図表 1-19

円ドル相場の推移（月次）

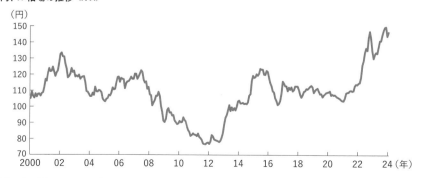

（資料）日銀。東京インターバンク相場の月中平均

株価と株式市場

- 経済の動きを先取り、全体の動きを示すのが株価指数
- 金利上がれば下がる関係、円相場との連動性はやや薄れる
- 東証はプライム・スタンダード・グロース３市場に再編

　企業は株式を発行して投資家から事業資金を調達し、得た利益から配当金を支払います。その株式を取引するのが株式市場で、投資家が保有している株の価格を売った利益を「キャピタルゲイン」と呼びます。

　株価全体の動きを示すのが株価指数です。「日経平均株価」は日本経済新聞社が東証プライム市場に上場する企業の中から、業種のバランスや市場での取引のされやすさを考慮して選んだ225社の株価を指数にしたものです。米国を代表する株価指数「ダウ工業株30種平均」は、米国を代表する30社の株価の平均です。

　株価指数には、上場している企業の時価総額（株価×株数）を平均して市場全体の動きを表す方式もあります。「東証株価指数（TOPIX）」や、米アップルやマイクロソフトが上場する「ナスダック総合指数」、中国を代表

図表 1-20 ―――――――――――――――――――――――――

日経平均株価の推移（月次）

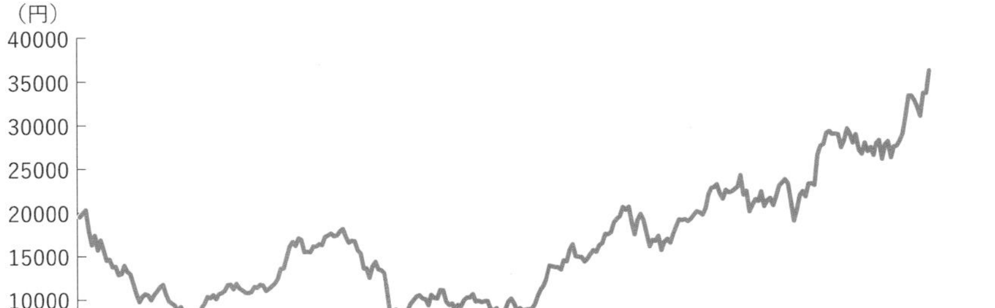

（資料）日本経済新聞社。各月の初日終値

する株価指数「上海総合指数」はこのタイプです。

　図表1-20は2000年以降の日経平均株価の動きです。日経平均が最高値を記録したのはこのグラフのおよそ10年前、いわゆるバブル経済崩壊前の1989年12月の3万8915円でした。日本経済の低迷を映し、まだその水準を取り戻せずにいましたが、24年1月には3万6000円台まで上昇しました。

　株価を動かす1つの要因は金利です。金利が下がるとお金が借りやすくなるので事業が拡大でき、株価は上昇します。金利が上がればお金が借りにくくなるので事業は縮小し、株価は下落します。23年の米国では金融引き締めの長期化が報じられると株価が下がり、利上げの打ち止めが報じられると株価が上がる動きが目立ちました。日本の株価については為替相場が円安になると輸出企業へのメリットから日経平均が上昇しがちでしたが、最近その連動性は薄らぎつつあります。

　東京証券取引所は22年4月、それまでの東証1部、同2部、ジャスダック、マザーズの4市場から、「プライム」「スタンダード」「グロース」の3市場に再編されました。海外の株式市場に比べて突出して上位市場の企業数が多く、海外の機関投資家らの資金を呼び込みにくくなっていたためです。東証プライム市場は上場基準を厳しくしたほか、21年に改訂した新しい企業統治指針（コーポレートガバナンス・コード）を適用し、独立社外取締役を取締役会の3分の1以上とすることなどを求めました。

図表 1-21 ────────────────────

東証3市場の上場基準

	流通株式時価総額	流通株式比率	企業統治指針の適用
プライム	100億円以上	35％以上	● 全適用、以下などプライム専用基準 ● 独立社外取締役を取締役会の3分の1以上 ● 気候変動に関するリスクの開示
スタンダード	10億円以上	25％以上	● 全適用（独立社外取締役は2人以上）
グロース	5億円以上	25％以上	● 基本原則のみ
（共通）	● 上場基準と維持基準を統一。流通株式から「政策保有株」を除く		

新旧区分の上場数

2022年3月		→	2023年12月	
東証1部	2177社		プライム	1657社
東証2部	475社		スタンダード	1621社
ジャスダック	686社		グロース	565社
マザーズ	432社			

（資料）日本取引所グループ

企業決算

- 上場企業は３カ月ごと四半期決算、期末に本決算発表
- 財務３表（PL・BS・CF）の要点が分かる決算短信
- 投資情報としては「１株当たり」と次期業績予想に注目

　国全体の経済の動きが３カ月ごとに公表されるのが本章前半で見た国内総生産（GDP）でしたが、一つひとつの企業の経営成績は、やはり３カ月ごとに各社が公表する決算発表で分かります。

　株式を上場している企業は、決算年度の中で四半期（３カ月）ごとに業績を発表し、期末に１年間の業績を発表します。日本の上場企業の多くの決算年度は４月から翌年３月までで、2023年度の業績が2024年３月期決算です。上場企業の決算を要約したのが「決算短信」です。

　３月期決算の企業の期末の決算短信のイメージを図表1-22に示しました。「連結」とあるのは本章内で後ほど解説する「子会社」などを含むグル

図表 1-22

「決算短信」に記載される主な情報（3月期決算の企業のイメージ）

決算短信〔日本基準〕連結

1. 2024年3月期の連結業績（2023年4月1日〜2024年3月31日）

(1) 連結経営成績

	売上高		営業利益		経常利益		当期純利益	
2024年3月期		%		%		%		%
2023年3月期								

◀ 経営成績
売上高、営業利益、純利益など、前の期比増減も

(2) 連結財政状態

	総資産	純資産	自己資本比率	1株当たり純資産
2024年3月期				
2023年3月期				

◀ 財政状態
総資産、純資産、1株当たり純資産など

(3) 連結キャッシュ・フローの状況

	営業活動CF	投資活動CF	財務活動CF	現金期末残高
2024年3月期				
2023年3月期				

◀ キャッシュフロー
営業、投資、財務活動の各キャッシュフロー

2. 配当の状況＝略（各期末配当金、配当金総額、配当性向など）

3. 2025年3月期の連結業績予想（2024年4月1日〜2025年3月31日）

	売上高		営業利益		経常利益		当期純利益	
2025年3月期		%		%		%		%

◀ 次期の業績予想
売上高、営業利益、純利益など、今期比増減も

ープ全体の決算であることを示します。

　(1)の「経営成績」は、その期間内にどれだけ売り上げがあり、そのために使った経費を差し引くとどれだけ利益が出たかを前の期に比べて示す、損益計算書(PL)の要約です。(2)の「財政状態」は期末時点で保有し運用する資産と、それらの資産がどのような資金でまかなわれたかを示す貸借対照表(BS)、(3)の「キャッシュ・フローの状況」は会計期間内の現金の出入りが分かるキャッシュフロー(CF)計算書の要約です。

　この3つを財務3表と呼びます。このほか投資情報として、2つめの項目の「配当の状況」のほか、1株当たりの利益や純資産の指標、そして「次期の業績予想」の項目が注目されます。日本経済新聞の企業決算に関するニュースでも、企業が次期の業績をどう予想するかの予測が多く報じられます。

　決算短信というタイトルの次に〔日本基準〕とありますが、上場企業が決算書を作成する際に使う主な会計基準には日本基準のほか、国際会計基準(IFRS = International Financial Reporting Standards、アイファース)があります。東証上場企業に占める社数ベースの割合は2023年末時点で1割弱ですが、トヨタ自動車をはじめ株式時価総額ベースでは4割を超す企業がIFRSで決算短信を作成しています。

　IFRSによる決算短信には日本基準の経常利益の項目がなく、最終利益も純資産の変動を示す「包括利益」で表示するなど、形式の違いがあります。日本基準とIFRSの違いを図表1-23にまとめました。

図表 1-23

日本基準と国際会計基準(IFRS)の違い

成り立ち	● IFRSは国際会計基準審議会が定める。欧州連合(EU)が域内上場企業に採用を義務付けたことで世界に拡大
適用国	● IFRSは日米以外の140カ国以上で強制適用済 ● 米国で上場する企業には米国基準。日本はIFRS任意適用
財務諸表	● 日本基準は業績を示す損益計算書を重視 ● IFRSは企業の価値を示す貸借対照表を重視
「のれん」の処理	=企業買収の際に対象企業の純資産を上回って支払った額 ● 日本基準では最大20年かけ定期償却 ● IFRSは定期償却不要(価値が大幅に下がれば減損処理)
考え方	● 細則主義の日本基準に対し、IFRSは原則主義(国ごとなど自由度が高い)

主なIFRS採用企業(適用時期)

三菱商事	14年 3月期
武田薬品工業	14年 3月期
ファーストリテイリング	14年 8月期
日立製作所	15年 3月期
日本製鉄	19年 3月期
トヨタ自動車	21年 3月期
ソニーグループ	22年 3月期
資生堂	22年12月期
村田製作所	24年 3月期

(資料)日本取引所グループ

損益計算書

- PLには上から5つの利益、会社の収益構造が分かる
- 本業のもうけは営業利益、株主は配当原資の純利益注視
- 業種・会社により変わる営業利益率などにも注目

損益計算書（略称PL＝Profit and Loss Statement）は、その会計期間の企業の収益や費用を示します。まず注目するのが「売上高」です。一番上の項目なのでトップラインと呼びます。売上高はその企業がその期に売った製品・サービスの収入の合計で、企業の規模を示します。

売上高から仕入れなどにかかった原価（原材料費など）を差し引いたのが「売上総利益」で、粗利とも呼びます。その事業のおおまかな採算性を示します。ここから販売費・一般管理費（販管費）と呼ぶ製造現場以外の人件費やオフィスの賃貸料、広告宣伝費などを引いたのが「営業利益」です。これは「本業でのもうけ」を示し、企業の「稼ぐ力」を測る指標です。企業が銀行から融資を受けていればその利払いもあり、投資に対する配当収入などもあります。こうした営業外損益を加味したのが「経常利益」で

図表 1-24

損益計算書の構成と5つの利益

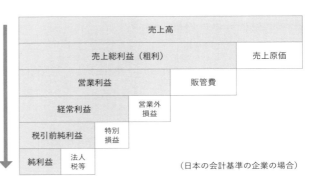

（日本の会計基準の企業の場合）

す。図表1-24のイメージ図は差し引いていく形にしていますが、経常利益が営業利益を上回ることもあります。

　自然災害による損失や保有資産の売却などの特別損益を加減したのが「税引前純利益」、法人税などを支払った後の利益が「純利益（税引き利益、最終利益）」（ボトムライン）です。この純利益を積み立てた利益剰余金から株主に配当が支払われるため、株主が注目する項目です。

　図表1-25は日本経済新聞社がまとめた上場企業の売上高・営業利益・純利益の上位20社です。3部門とも首位はトヨタ自動車ですが、営業利益を見るとNTTなど通信関係のほか、製造業ではソニーグループがトヨタに次ぎます。半導体関連で信越化学工業、東京エレクトロン、中外製薬など薬品、高収益企業として知られるキーエンスなどの顔触れから、営業利益率の高い業種や会社が読み取れます。純利益では三菱商事など5大商社すべてが入り、大手商社各社の株価は大きく上昇しました。営業利益3位のINPEXは海外原油・天然ガス開発の日本最大手です。

図表 1-25

売上高・営業利益・純利益の上位20社

売上高	兆円	営業利益	兆円	純利益	兆円
トヨタ自動車	37.15	トヨタ自動車	2.72	トヨタ自動車	2.45
三菱商事	21.57	NTT	1.82	NTT	1.21
ホンダ	16.90	INPEX	1.24	三菱商事	1.18
ENEOSHD	15.01	ソニーグループ	1.20	三井物産	1.13
三井物産	14.30	KDDI	1.07	日本郵船	1.01
伊藤忠商事	13.94	ソフトバンク	1.06	ソニーグループ	0.93
NTT	13.13	信越化学工業	0.99	伊藤忠商事	0.80
セブン＆アイHD	11.81	日本製鉄	0.88	商船三井	0.79
ソニーグループ	11.53	ホンダ	0.78	信越化学工業	0.70
日本郵政	11.38	日立製作所	0.74	川崎汽船	0.69
日立製作所	10.88	伊藤忠商事	0.70	日本製鉄	0.69
日産自動車	10.59	JT	0.65	KDDI	0.67
豊田通商	9.84	東京エレクトロン	0.61	ホンダ	0.65
出光興産	9.45	中外製薬	0.53	日立製作所	0.64
丸紅	9.19	セブン＆アイHD	0.50	住友商事	0.56
イオン	9.11	任天堂	0.50	丸紅	0.54
パナソニックHD	8.37	キーエンス	0.49	ソフトバンク	0.53
日本製鉄	7.97	コマツ	0.49	東京エレクトロン	0.47
東京電力HD	7.79	武田薬品工業	0.49	JT	0.44
住友商事	6.81	大和ハウス工業	0.46	INPEX	0.43

（資料）日本経済新聞社。2023年3月期までの各社直近決算。HDはホールディングスの略

貸借対照表とキャッシュフロー

- お金を「どう調達し、どう使ったか」を示すのがBS
- 財務の安定性と安全性を示す指標、代表的に流動比率
- お金の出入りはキャッシュフロー、投資すればマイナス

　貸借対照表（略称BS＝Balance Sheet）は資産、負債、純資産の一覧表です。お金をどこからどう調達したかを示すのが貸借対照表の右側（負債＋純資産）で、お金を何にどう使ったかを示すのが左側（資産）です。左右が必ず一致することからバランスシートと呼びます。

　バランスシートの右側は「負債の部」と「純資産の部」に分かれます。負債は銀行からの借入金や社債などいつか誰かに返すお金で「他人資本」とも呼びます。1年以内に返す借入金などが流動負債、1年超が固定負債です。純資産は株主からの出資金である資本金と、過去の利益の蓄積（利益剰余金）などで、返す義務がないので純資産（自己資本）と呼びます。純資産＋負債に占める自己資本の割合が自己資本比率です。負債が資産を上回り自己資本比率がマイナスとなった場合を債務超過といいます。

図表 1-26 ──────

貸借対照表の構成（主な項目）

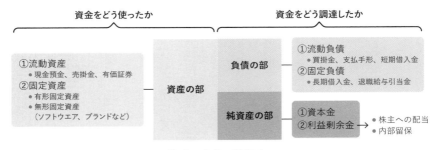

資産＝負債＋純資産

　左側の資産は、右側で調達したお金をどう使ったかを示します。商品の仕入れなどのために現金のままであれば流動資産、固定資産には工場や設備などの有形資産と、ソフトウエアやブランドなどの無形資産があります。BSは企業の安定性や安全性を示し、例えば流動比率（「流動資産／流動負債」×100）が100％以上であれば、資産が負債をカバーしています。

　キャッシュフロー計算書は企業活動に伴う現金の出入りを示します。本業の営業活動による資金の流れを示す営業キャッシュフロー、設備投資や資産運用による投資キャッシュフロー、銀行からの借り入れや返済、株主への還元状況を示す財務キャッシュフローの3つがあります。お金が入ってくればプラス、出ていけばマイナスです。

　営業キャッシュフローは商品が売れて入るお金が仕入れにより出ていくお金を上回ればプラス、投資キャッシュフローは事業拡大のためにお金を使えばマイナス。財務キャッシュフローはお金を借りればプラス、返済すればマイナスになります。営業キャッシュフローと投資キャッシュフローの合計をフリーキャッシュフローと呼びます。事業活動を通じて手元に残ったお金で、さらなる事業拡大への投資や、配当や自社株買いによる株主還元、借入金の返済などに使えます。それぞれのプラスマイナスの場合と一般的な評価ポイントを図表1-27に示しました。

図表 1-27

キャッシュフロー計算書の構成

	営業キャッシュフロー	投資キャッシュフロー	財務キャッシュフロー
＋ プラス （IN）	● 売り上げ	● 設備や有価証券の売却	● 銀行からの借り入れ ● 株式の発行
－ マイナス （OUT）	● 仕入れ ● 社員の給料	● 設備投資 ● 企業買収や株式取得	● 借入金の返済 ● 株主への配当

営業CF＋投資CF＝**フリーキャッシュフロー（FCF）** →プラスなら配当やさらに投資

一般的な 評価ポイント	＋＝本業で稼げている －＝本業で稼げていない	＋＝成長のための投資不足 －＝成長のために積極投資	＋＝借金が多い －＝借金を返せており健全 （伸び盛りの企業は積極的な資金調達により＋になることが多い）

株価と企業の「稼ぐ力」の指標

- 企業価値を示す株式時価総額、株価×発行済株式数
- PBR、1倍を割ると株価が本来の企業価値以下のサイン
- 企業の稼ぐ力、株主はROE、経営者はROA・ROICに注目

　この項目では、株価から分かる企業の価値と、前項まで見た財務3表から分かる企業の「稼ぐ力」を測る指標について解説します。

　上場企業の市場価値を測る代表的な指標が株式時価総額です。企業の発行済株式数に株価を掛け合わせて算出します。株式市場が企業の実力をどう評価しているかを示します。

　株価収益率（PER = Price Earnings Ratio）と株価純資産倍率（PBR = Price Book-value Ratio）は、投資家が株価が割安か割高かを判断する指標です。PERは株価を1株当たり純利益（EPS = Earnings Per Share）で割って求めます。IT企業など業績の伸びが期待できるグロース株（成長株）企業ほど高く、成熟した企業が多いバリュー株（割安株）企業は低くなる傾向があります。PBRは株価を1株当たり純資産（BPS = Book-value Per

図表 1-28

株価と株式に関する指標

- PER（株価収益率）　　　＝　株価÷1株当たり純利益
- PBR（株価純資産倍率）　＝　株価÷1株当たり純資産
- EPS（1株当たり純利益）　＝　純利益÷発行済株式総数
- BPS（1株当たり純資産）　＝　純資産÷発行済株式総数

株式時価総額上位10社
（2023年12月末時点、兆円）

①トヨタ自動車	42.2
②ソニーグループ	16.9
③NTT	15.6
④キーエンス	15.1
⑤三菱UFJFG	14.9
⑥信越化学工業	11.9
⑦東京エレクトロン	11.9
⑧ファーストリテイリング	11.1
⑨KDDI	10.3
⑩リクルート	10.1

Share）で割って求めます。高ければ資産価値に比べ株価が「割高」、低ければ「割安」です。

　PBRが1倍を下回ると理論上は、企業が存続して企業価値を上げるより解散して純資産を分配したほうが株主が多くを得られると市場が評価していることを示すことから、「解散価値」ともいいます。

　総資産利益率（ROA＝Return On Assets）、自己資本利益率（ROE＝Return On Equity）は企業の稼ぐ力を測る代表的な指標です。ROAは保有している資産を使って、利益をどれだけ効率的に稼いだかを示す指標です。ROEは分母が株主から集めたお金（自己資本）、分子が「株主に分配されるお金（純利益）なので、投資家の視点から特に重視されます。

　投下資本利益率（ROIC＝Return On Invested Capital）は分子が純利益でなく「税引き後の営業利益」、分母が自己資本と負債の合計（投下資本）です。経営者の視点から、事業活動のために投じた資金を使い利益をどれだけ効率的に稼いだのかをより正確に把握するための指標とされます。

　投資家が企業の稼ぐ力を評価する指標としてもう1つ、利払い・税引き・償却前利益（EBITDA＝Earnings Before Interest, Taxes, Depreciation and Amortization）があります。国によって異なる法人税率、金利、会計基準などの要因が取り除かれるため、国内外の企業の稼ぐ力を比較したり、M＆A（合併・買収）で買収価格を決定したりする際に用います。

図表 1-29

企業の「稼ぐ力」の指標

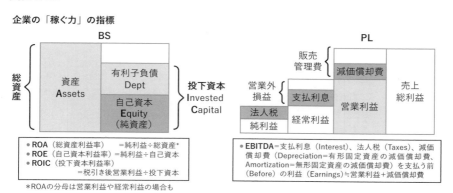

会社の仕組みとコーポレートガバナンス

- 取締役が株主に代わり経営を監視するのが「企業統治」
- 上場企業には取締役会の多様化や外部視点求める指針
- 機関投資家に広がるESG投資にもガバナンスの視点

　ここでは株式会社の仕組みとコーポレートガバナンス（企業統治）について解説します。コーポレートガバナンスとは、会社を運営する人を選び、その意思決定や業務の執行を監視する仕組みのことです。会社法が定めています。

　まず、株式会社の最高意思決定機関は株主総会です。株式を公開する会社は「取締役会」と「監査役会」を置きます。株主総会では取締役と監査役、そして外部の監査法人など会計監査人を選任します。取締役会は代表取締役を選任し、代表取締役は株主総会と取締役会の決議に従い業務を執行します。代表取締役は一般に「社長」を名乗りますが、「社長」「会長」「CEO（最高経営責任者）」などに会社法での規定はなく、それぞれの会社が定めた呼称です。以上は「監査役会設置会社」と呼ぶ、上場企業では最

図表 1-30

コーポレートガバナンスと会社の仕組み

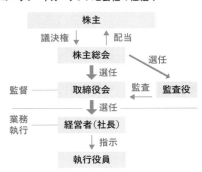

株主総会で決議する主な事項

決議の種類	内容	可決の要件
特別決議	●定款の変更 ●合併や事業譲渡 ●増資・解散	出席株主の 議決権の3分の2超 （66.7%以上）
一般決議	●取締役の選任や解任 ●配当額の決定 ●役員報酬の総額	出席株主の 議決権の過半数 （50%超）

親会社と子会社

- 子会社＝親会社の持株比率が50%超、または40%超で取締役の過半数を派遣しているなど。100%なら完全子会社
- 持ち分法適用会社＝持株比率が原則として20%以上で子会社でない場合

も多い形ですが、会社法では「指名委員会等設置会社」「監査等委員会設置会社」という形の会社も規定しています。

　株主総会ではこのほか剰余金からの配当額や役員報酬の総額を決めます。一般決議といい、過半数の賛成が必要です。Ａ社がＢ社の議決権の過半数を保有していれば、Ｂ社はＡ社の子会社です。

　東京証券取引所と金融庁は2015年に上場企業が守るべき行動指針として「コーポレートガバナンス・コード（企業統治指針）」を定めました。3年ごとに改訂しており、18年の改訂では、政策保有株（株式持ち合い）の削減を進めることや、女性や外国人の登用による取締役会の多様化などを求めました。21年の改訂では東証プライム上場企業に、経営から独立した立場の社外取締役を取締役会の「3分の1以上」置くように求めました。

　この指針は年金基金や信託銀行など機関投資家に求める「スチュワードシップ・コード」と対になっています。スチュワードシップとは「受託者責任」のことで、金融庁が14年に定め、やはり3年ごとに改訂しています。投資先企業との建設的対話を促すため、議決権行使の結果や判断理由、ESG（環境・社会・統治）投資を考慮する運用を行っているかを開示するよう求めています。両指針とも、受け入れるかどうかは各企業や機関投資家に任せるものの、受け入れなければ理由を述べなければならない「コンプライ・オア・エクスプレイン（順守か説明）」を原則にしています。

図表 1-31

スチュワードシップ・コードとコーポレートガバナンス・コード

2021年改訂のポイント

テーマ	求める項目
取締役会	●東証プライム上場企業に独立社外取締役の3分の1以上選任を求める
中核人材	●管理職に女性・外国人・中途採用者の登用を求める
サステナビリティ	●プライム上場企業に気候変動リスクの開示を求める

	E 環境（Environment）	S 社会（Social）	G 企業統治（Governance）
ESG投資のポイント	●気候変動への対応 ●生物多様性の重視 ●廃棄物の削減と再利用	●多様性（ダイバーシティ）推進 ●供給網での人権問題への配慮 ●地域社会への貢献	●独立社外取締役の増員 ●少数株主の権利保護 ●不祥事への対応と予防策

ビジネスを巡る法律

- 知財、出願や登録が必要な産業財産権と不要な著作権
- 保護期間は有限、特許切れ成分を使う薬が「ジェネリック」
- 事業再建は民事再生法、ADRなど私的整理も広がる

　「法律」は、ビジネスの一つひとつに密接にかかわります。ビジネスを始める際の契約書などにかかわるのが民法、会社の設立や運営は会社法、上場企業であれば決算や情報開示に関するルールは、投資家を保護する金融商品取引法で定められます。談合など不当な取引制限や下請け企業に対する優越的地位の乱用などは独占禁止法と下請法、消費者を保護する法律としては、製造物責任法や消費者契約法などがあります。

　日経TESTでよく出題される知的財産権について図表1-32に示しました。いわゆる「発明」を保護する特許権、実用新案権、意匠権、商標権は特許庁が所管しており、「産業財産権」とも呼びます。

　産業財産権は新しい技術、デザインなどに独占権を与え保護しますが、産業の発展を図るのが目的なので、保護される期間は有限です。特許が切

図表 1-32 ──────

知的財産権の種類と保護期間など（カッコ内は所管官庁）

産業財産権

特許権	出願から20年（一部25年）特許法
実用新案権	出願から10年 実用新案法
意匠権	出願から25年 意匠法
商標権	登録から10年（更新あり）商標法

（特許庁）

著作権	死後70年（法人、映画は公表後70年）著作権法（文化庁）
営業秘密	ノウハウや顧客リストの盗用など 不正競争防止法（経済産業省）
育成者権	植物の新品種を保護 種苗法（農林水産省）
地理的表示（GI）	産地と結びついた産品の名称 特定農産物の名称の保護に関する 法律など（農林水産省、国税庁＝酒類）

れた成分の薬を後発医薬品（ジェネリック）のメーカーが安い価格で発売できるケースが典型的です。新薬の成分の開発には多額の費用と長い期間を要するため、医薬品については保護期間が延長されています。

　知的財産権を巡ってはこのほか2016年に不正競争防止法が改正され、「営業秘密」の不正な取得への罰則が強化されました。著作権は産業財産権と異なり、出願や登録をしなくても発生します。

　企業が債務支払い不能になったり、事業継続が困難になったりすることを「倒産」といいます。法的倒産と私的倒産があります。事業停止の影響が大きい企業が事業を続けながら裁判所の管理下で会社の再建を図る手続きとして、会社更生法と民事再生法があります。

　会社更生法では経営者は退陣し、裁判所が選んだ管財人が更生計画をつくります。民事再生法も裁判所の管理下で再建を進めますが、従来の経営陣が残って再建にあたることができます。会社を早く再建するため債務超過や支払い不能に陥っていなくても申請が認められるほか、再生計画が認められるまでの時間も更生法より短いのが特徴です。

　事業再生の手段としては、法的手続きでなく、政府が認めた第三者機関が企業と債権者を仲介する事業再生ADRという私的整理の手法も広がっています。企業の倒産件数はコロナ禍で実施された公的支援（実質無利子・無担保融資＝ゼロゼロ融資）の反動で増加しています。

図表 1-33

企業倒産処理の主な手続き

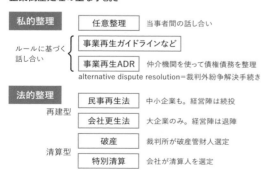

（資料）東京商工リサーチ

働き方を巡る法律と雇用制度

- 働き方改革で時間外労働に上限、同一労働同一賃金も
- 高齢者雇用、改正法で70歳まで就業機会確保の努力義務
- 脱日本型雇用、「ジョブ型」拡大で高まる人材の流動性

　ここでは最近、大きな変化があり、日経TESTでもよく出題される働き方を巡る法律・制度を解説します。勤務時間、休日・休暇などは労働基準法で定められています。労基法など8本の法律をまとめて改正した「働き方改革関連法」が2019年度から施行され、制度が大きく変わりました。第1に「長時間労働の是正」、第2に正規雇用労働者＝正社員と非正規雇用労働者の不合理な待遇の差を解消したり、待遇差の内容・理由に関する説明義務を強化したりする「同一労働同一賃金」です。

　労基法が定める法定労働時間は週40時間で、この法定労働時間を超え時間外労働をさせる場合は、時間数にかかわらず、会社と労働組合など労働者の代表が協定を結んで労働基準監督署長に届け出なければなりません。労基法第36条で決まっていることから「サブロク協定」と呼びます。

図表 1-34

労働時間の上限規制

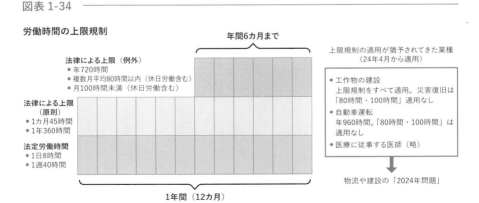

（資料）厚生労働省

この時間外労働の上限については「月間45時間、年間360時間」と労基法で定めていますが、法改正の前は労使が特別条項を結べば実質上限がない「青天井」になる問題が指摘されていました。

このため、労使が特別条項を結んだ場合でも「年720時間以内」とし、さらに「月100時間未満」などを条件とする「罰則付きの上限」が設けられました。運送業の自動車運転（トラック運転手）や建設業には適用が猶予されてきましたが、24年4月から適用が始まります。これが両業界で人手不足や配送・工期の遅れなどが懸念されている「2024年問題」です。

高齢者雇用については21年度から施行された改正高年齢者雇用安定法により、企業には従業員に70歳まで就業機会を確保する努力義務が課されました。罰則を伴う義務ではありませんが、日本企業の多くは60歳定年で、ほとんどの企業が65歳まで働ける制度を設けているものの、66歳以上の人が働ける制度を設けている企業は半分以下です。今後、定年引き上げや再雇用期間延長などでの対応が進む見通しです。

雇用制度では新卒一括採用・終身雇用・年功型賃金を特徴としてきた日本型の雇用形態を見直す動きも目立ちます。欧米で主流の職務内容を明示したジョブ型雇用に対し、日本型は人に職をつけるメンバーシップ型雇用。賃金に関してはジョブ型が職務内容に応じた職務給なのに対して、メンバーシップ型は能力に応じた職能給が特徴とされます。

図表 1-35

改正高年齢者雇用安定法

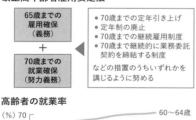

ジョブ型雇用とメンバーシップ型雇用

ジョブ型		メンバーシップ型
仕事に人をつける	基本理念	人に仕事をつける
職務記述書限定的・専門的	職務内容	範囲を限定せず総合的
中途・経験者採用	採用	新卒一括終身雇用
職務給業務の市場価値	給与	職能給経歴や勤続年数
限定原則転勤なし	勤務地	限定せず原則転勤あり
高い	人材流動性	低い

（資料）厚生労働省

マーケティングの基本知識

- ●「売れる仕組みをつくる」のがマーケティングの目的
- ● 分析のフレームワークは戦略の流れに沿って理解
- ● デジタルマーケティング拡大、ネットとリアルの融合も

　マーケティングといえば最もよく引用される経営学者のピーター・ドラッカーは「売れる仕組みをつくること」と定義しています。そのためにはまず「消費者が何を欲しているか」を知ることが必要です。よく使われるたとえ話で、「電動ドリルを購入する顧客が本当に欲しいものは何か?」という問答があります。答えは「穴」で、ドリルが欲しいわけではないというのがミソです。顧客価値と呼ばれるもので、「企業の目的は顧客の創造である」というのもドラッカーの有名な言葉です。

　マーケティング戦略の一般的な流れと、そこで使う分析の枠組み(フレームワーク)が図表1-36です。まず、自社や自社の扱う商品が置かれた状況を、客観的に把握します。そのための手法として「SWOT分析」「3C分析」があります。続いて、自社が打って出る対象の市場や顧客を見定め、

図表 1-36

マーケティング戦略の流れと分析フレームワーク

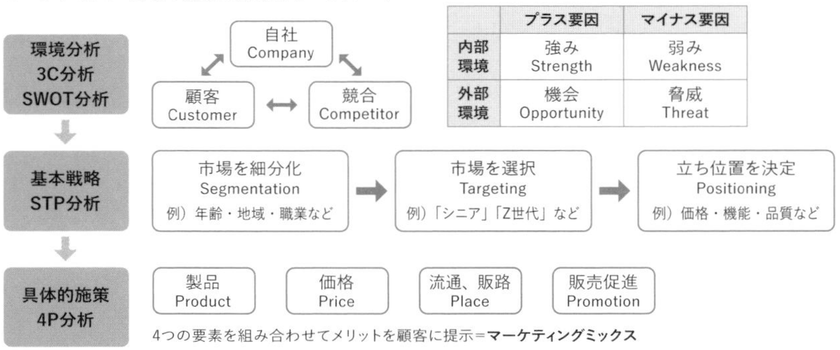

	プラス要因	マイナス要因
内部環境	強み Strength	弱み Weakness
外部環境	機会 Opportunity	脅威 Threat

環境分析 3C分析 SWOT分析
- 自社 Company
- 顧客 Customer ↔ 競合 Competitor

基本戦略 STP分析
- 市場を細分化 Segmentation 例)年齢・地域・職業など → 市場を選択 Targeting 例)「シニア」「Z世代」など → 立ち位置を決定 Positioning 例)価格・機能・品質など

具体的施策 4P分析
- 製品 Product / 価格 Price / 流通、販路 Place / 販売促進 Promotion

4つの要素を組み合わせてメリットを顧客に提示=**マーケティングミックス**

自社の立ち位置を決めます。まず市場を細分化し、その細分化した市場のどこに狙いをつけるかを考え、その狙いに向け他社よりいかに有利なところにその商品を位置付けるかを決めます。「STP分析」といいます。そのうえでターゲット顧客に対する具体的な施策を決めます。その際に使うのが、製品、価格、流通、販売促進の英語の頭文字からなる4P分析です。

　最近、デジタル技術を応用した「デジタルマーケティング」と呼ばれる手法が盛んに活用されています。様々な用語がありますが、4P戦略と関連付けると理解しやすくなります。

　まず価格に関連する手法で「フリーミアム」は、基本的なサービスや製品は無料で提供し、高度な機能は別途、課金するモデルです。「サブスクリプション」は一定期間の利用権を購入するもので、ネットフリックスなど動画定額配信のほか、様々な分野に広がっています。小売店などを通さず、メーカーと消費者が直接つながるD2C（ダイレクト・ツー・コンシューマー）は、4Pの中では「Place＝流通」にあたります。

　サブスクリプションビジネスでは自社の商品・サービスの顧客に働きかけて有効に活用してもらう「カスタマーサクセス」やLTV（顧客生涯価値）の考え方が重要です。ネット販売が広がる中で脚光を浴びているのがOMO（Online Merges with Offline ＝オンラインとオフラインの融合）で、第4章以降の練習問題のテーマにも登場します。

図表 1-37

デジタルマーケティングの用語と「4P」

		サブスクビジネスで使われる用語
● IoT商品 ● 顧客との共創	● フリーミアム ● サブスクリプション（サブスク） ● ダイナミック・プライシング	● **LTV**（顧客生涯価値） 1人の顧客が企業と取引を始めてから終えるまでにどれだけ収益をもたらすかの指標。
Product	**Price**	● **カスタマーサクセス** 顧客を成功に導くという意味で、解約や他社に乗り換えないように促しLTV向上を図る。
Place	**Promotion**	● **ユーザーエクスペリエンス** 略称UX。ユーザーが感じる使いやすさや満足で、UX向上がLTV最大化につながる。
● オムニチャネル ● D2C ● OMO ● ショールーミング	● ネット広告 ● ネット口コミ ● マーケティング・オートメーション	

生産・テクノロジーの基礎

- ● 変わるものづくり、モジュール化・ファブレス化広がる
- ● 持続的イノベーションを超える破壊的イノベーション
- ● イノベーションの進め方、クローズドからオープンへ

　製造業などテクノロジーに関連する分野の動きは第2章以降で頻繁に登場しますが、この評価軸で問われるのは、その基礎です。

　企業が優れた製品を開発しても、その品質が不安定で、納期を守れず、生産コストが割高なら売れません。品質（Quality）、コスト（Cost）、納期（Delivery）の頭文字をとった「QCD」は、ものづくりの3要素といわれ、それを実現するのが生産技術です。この「QCD」の改善のために世界の企業で参考にされているのがトヨタ自動車が発祥の「トヨタ生産方式」で、その中心となる「ジャスト・イン・タイム」は、必要な部品を必要なときに必要な量だけ生産し、部品や製品の在庫を最小限に抑える手法です。

　一方で最近、世界のものづくりの中で台頭してきたのが、標準化した部品を組み合わせる「モジュール化」です。テレビ、パソコン、スマートフォンなどは主要な部品を組み合わせれば製品ができあがるようになりました。例えば米アップルのスマホ「iPhone」では、アップルは設計とデザインとアフターサービスはしますが、組み立てはEMS（電子機器の受託製造サービス）会社に任せています。こうした動きを、工場を持たないという意味で、ファブレス（fabless）といいます。付加価値をつくる主力が製造部門からサービス部門に移る「製造業のサービス化」の背景です。

　もう一つ重要なのが、イノベーション（技術革新）の理解です。イノベーションが対象とするのは技術だけではありません。イノベーションといえば必ず引用される経済学者ヨーゼフ・シュンペーターは、①プロダクト②プロセス③マーケット④サプライチェーン⑤オルガニゼーション（組織）——の5つの面の革新を指すとしています。①②は日本が得意にして

きた分野ですが、③④⑤は不得意です。日本企業が「技術で勝ってビジネスで負ける」とよく指摘されきたのは、この点からです。

　最近の産業界のキーワードになっているのが「破壊的イノベーション」です。既存製品のメーカーは「持続的イノベーション」と呼ばれる製品の改良にこだわるあまり、従来の製品の価値を壊し、新しい価値を起こすイノベーションを起こせない傾向があります。フィルムカメラの性能を追求するあまり、最初は低性能だったデジタルカメラに駆逐された米国のコダックの例がよく挙げられます。これを「イノベーションのジレンマ」（米国の経営学者クレイトン・クリステンセンによる）といいます。図表1－38の右側の「ローエンド型」が上記、そのほか「携帯電話とスマホ」などの「新市場型」もあります。

　破壊的イノベーションを起こす企業の規模が大きくなると、その分野でデファクトスタンダード（事実上の標準）を握り、独占的な存在になります。経済学で「ネットワーク効果」と呼ぶものです。最近、そのネットワーク効果を大きく発揮しているのが、米国の代表的なプラットフォーム企業の頭文字をとった「GAFAM」です。

　このほか企業におけるイノベーションの進め方も、社内で完結する内製型のクローズドイノベーションから、多くの企業が連鎖し協力するオープンイノベーションが重視されるようになっています。

図表1-38

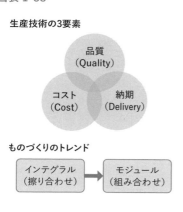

生産技術の3要素

ものづくりのトレンド

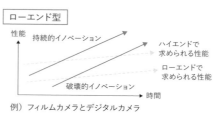

破壊的イノベーションの2つの類型

ローエンド型

例）フィルムカメラとデジタルカメラ

新市場型

例）携帯電話・パソコンとスマートフォン（米アップル）
　　DVDレンタルと動画配信（米ネットフリックス）

経営戦略の用語

- 業界構造と自社への脅威を分析する「ファイブフォース」
- 市場シェアから企業を4つに類型化する競争地位戦略
- 知っておきたいドラッカー、ポーター、コトラーの理論

　本章入門解説の最後に、日経TESTで出題されることが多い「経営戦略に関連する用語」についてざっと見ます。マーケティングの項の冒頭で米国の経営学者ドラッカーのマーケティング論を紹介しましたが、企業戦略に関してはやはり米国の経営学者マイケル・ポーターが唱えた「ファイブフォース（5つの競争要因）」、同じくフィリップ・コトラーが唱えた「競争地位戦略」の考え方に関連したテーマがよく取り上げられます。

　ファイブフォースも競争地位戦略も、第2章入門解説後半の「業界」に関する知識を学ぶうえで、知っておくと役に立つ考え方です。図表1-39にそれぞれの概略を示しました。経営戦略については「考える力」を測る第4〜5章でも改めて取り上げます。ここではそれぞれの考え方の概要をつかんでおいてください。

図表1-39

ファイブフォース（5つの競争要因、M・ポーター）

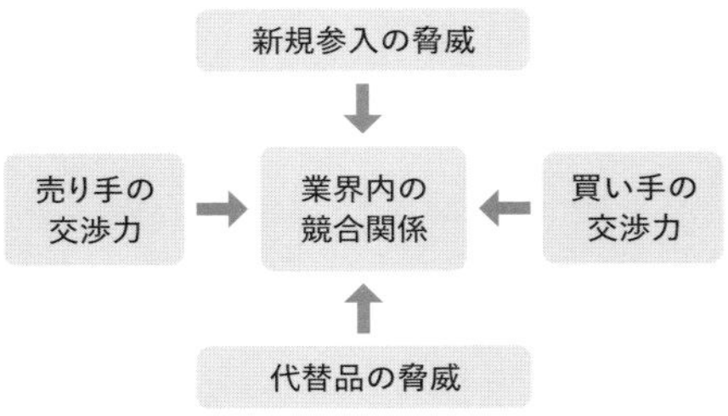

```
        新規参入の脅威
            ↓
売り手の  → 業界内の ←  買い手の
交渉力      競合関係     交渉力
            ↑
        代替品の脅威
```

競争地位戦略（P・コトラー）

		量的経営資源	
		多い	少ない
質的経営資源	多い	リーダー フルライン戦略	ニッチャー ニッチ戦略
	少ない	チャレンジャー 差別化戦略	フォロワー 模倣戦略

企業の経営戦略の基本になる考え方

Q 1 日本の国内総生産（GDP）に含まれるのはどれか。

① 個人投資家の株式売却益

② 企業の海外直接投資による収益

③ フリマアプリの仲介手数料

④ 家事労働の賃金換算額

Q 2 1人当たり国内総生産（GDP）が世界の10位以内に入っている国はどれか。

① ドイツ

② ノルウェー

③ サウジアラビア

④ 日本

GDPは国内で生産されたモノやサービスの付加価値です。株式の売却益（キャピタルゲイン）は該当しません（そのもうけでモノやサービスを購入すれば、個人消費としてGDPに加わります）。海外直接投資の収益は国内でなく海外で生み出されたものです。フリマアプリでの個人と個人の中古品取引自体はGDPでは「所有者が代わっただけで新たな付加価値は生まない」と考えますが、フリマアプリを運営するメルカリなどの企業が仲介サービスで得た手数料はGDPに含みます。

家事労働はGDPでは付加価値を生まない「無償労働」とみなしますが、内閣府が数年おきに炊事や育児など無償の家事労働に充てた時間を賃金に換算した金額を推計しています。2023年に発表された最新の推計によると21年は143兆円、名目GDPの4分の1にのぼりました。

1人当たりGDPは国民の豊かさを示す指標です。その上位国は入門解説の図表1-4の通りで、ノルウェーはルクセンブルクに次ぐ2位（順位は国際通貨基金＝IMF＝世界経済見通しの2022年時点）です。サウジアラビアはGDPの規模では中東最大で豊かなイメージがありますが、人口3300万人の貧富の格差が大きく、1人当たりGDPは30位です。

ノルウェーは人口540万人。1970年代に北海油田・ガス田の発見で産油国となり、その収入を原資に国民の年金資産を増やすノルウェー政府年金基金は、政府系ファンドとしては世界最大級の運用規模です。22年は原油価格の高騰により1人当たりGDPの順位が前年より2つ上がり、スイスなどを上回りました。自国の電力は水力発電でまかなえるため、電気自動車（EV）普及率が新車販売の8割と高い国としても知られます。

Q 3 以下の日本の経済統計のうち、企業への聞き取り調査を
もとにしているのはどれか。

❶ 日銀短観

❷ 景気ウオッチャー調査

❸ 新規求人数

❹ 貿易統計

 Q 4 日本の消費者物価指数について、正しい説明はどれか。

❶ モノ（財）の価格が対象で、サービスの価格は別に調べる。

❷ 消費者が実際に支払う価格から消費税分を除いて計算する。

❸ プライベートブランド（PB）商品の価格動向は反映されない。

❹ 金融政策判断では生鮮食品を除いたコア指数が重視される。

　日銀短観は全国の資本金2000万円以上の企業約21万社から業種別・規模別に選んだ約9000社を対象に、3カ月ごとにアンケートと聞き取りを実施しています。中央銀行である日銀がこのように調査し発表しているのは、全国の企業の動向を的確に把握し、金融政策を適切に運営するためです。名称の通り「調査から発表までの期間が短い」ことが特徴で、回収率も高く、海外でも「TANKAN」として注目を集める指標です。

　内閣府が発表する景気ウオッチャー調査も聞き取り調査ですが、回答者が現場で働く人なのと家計動向関連の項目が多いのが特徴です。新規求人数はハローワークが取り扱う新規の求人数のことで、厚生労働省が発表。貿易統計は全国の税関が実際に輸出入された貨物の動きを通関時点で集計した統計で、財務省が発表しています。

　総務省が発表する消費者物価指数は、ある時点の世帯の消費構成を基準に「それと同等のものを購入した場合に必要な費用が毎月どれだけ変化したか」を示します。消費者がよく購入するモノとサービス約580品目の価格を調査員が決まった日に店頭で調査しており、PBの価格もその商品が調査店舗で最も売れていれば指数に反映します。日銀が発表する企業間取引の物価は「企業物価指数」と「企業向けサービス価格指数」に分かれていますが、消費者物価指数は両方が対象です。消費税率込みの価格を調べており、過去の税率引き上げ時には消費者物価も上がっています。

　「物価の安定」を目的とする金融政策の判断に使われることで注目されます。「生鮮食品を除く総合」がコア指数と呼ばれ、日銀の物価見通しはこの数字です。エネルギーも除いたコアコア指数などもあります。

政府の2024年度当初予算案について、正しい説明はどれか。

❶ 基幹3税（法人税、所得税、消費税）の中で法人税収が最も多い。

❷ 社会保障関係費と国債費の合計が歳出の6割近くを占める。

❸ 防衛費は国内総生産（GDP）比で1％をやや下回る。

❹ あらかじめ使い道を決めない「予備費」を前年より増額した。

 日本の経常収支で、第1次所得収支の黒字の増加要因になるのはどれか。

❶ 外国人観光客の日本での消費拡大

❷ 日本企業の海外子会社の増益

❸ 海外投資家の日本株投資の拡大

❹ 外国為替市場での円高の進行

A | 5 | — | ② KEYWORD | 政府予算

2024年度政府予算案は一般会計の歳入歳出総額が112兆5717億円と2年連続で110兆円台に乗りました。入門解説の図表1-10の通り、歳出では社会保障関係費が約37.7兆円、国債費が約27兆円で、固定費に近い2つの歳出の合計が57.5％と6割に迫りました。歳入は多い順に消費税、所得税、法人税。防衛費は7.9兆円で、既にGDPの1％を超えています。

社会情勢の変動に対応する「予備費」はコロナ禍の20年度以降急増、23年度もコロナ対策などとして5兆円を計上していましたが、24年度は1兆円（名目は物価・賃上げ対策）に縮小しました。これにより予算総額は12年ぶりに前年度比減りましたが、予備費以外は増えています。なお、24年1月1日に発生した能登半島地震を受け、上記と別に計上している「一般予備費」を23年末に決めた5000億円から1兆円に増額しました。

A | 6 | — | ② KEYWORD | 経常収支

2021〜22年の日本の貿易収支が赤字になる中でも第1次所得収支が大幅な黒字を稼ぎ、経常収支は黒字を維持したことは、入門解説で説明しました。第1次所得収支には海外に子会社をつくったり海外企業を買収したりする「直接投資」による配当などと、利益を得るために株式や債券を購入する「証券投資」による配当、利子などがあり、選択肢②の海外の子会社の利益は、第1次所得収支における受取額の拡大につながります。選択肢③の海外から日本への証券投資はその逆で、海外投資家への配当などは第1次所得収支における海外への支払額の拡大となり、減少要因です。

外国人観光客の日本での消費拡大はサービス収支の中の旅行収支の黒字の増加要因です。為替相場については円安が進めば海外投資で得た利益を日本に戻す際の円建て額を増やしますが、円高だとその反対です。

Q 7 日本の長期金利について、正しい説明はどれか。

❶ 新規発行5年物国債の利回りが基準である。

❷ 国債を買う人が減ると長期金利は上がる。

❸ 一般に景気が良くなれば長期金利は下がる。

❹ 変動型住宅ローンの金利は長期金利に連動する。

Q 8 日銀の目的は、物価の安定を図ることと、（　　）の安定
に貢献することだ。（　　）に当てはまるのはどれか。

❶ 株価

❷ 為替相場

❸ 金融システム

❹ 雇用

　期間1年未満の貸し借りが短期金利、1年以上が長期金利ですが、長期金利の指標は新規に発行された「10年物」国債の利回りです。国債の価格と利回りの関係は入門解説で見たように、逆方向に動きます。国債を買う人が減ると市場で取引される国債の価格は下がるので、利回り＝長期金利は上がるという選択肢❷が正解です。

　景気が良くなれば企業は増産のための投資、個人は自動車の購入など資金需要が増えるので、長期金利は上がりやすくなります。住宅ローン金利には完済まで金利が一定の「固定型」と、半年ごとなどに金利を見直す「変動型」があります。固定型の金利は銀行が主に債券市場の国債利回り（長期金利）に基づいて決めますが、変動型は短期プライムレート（期間1年未満の貸し出しの基準金利）に連動します。

　日銀を含め世界の中央銀行は、物価の安定を第一の目的に掲げていますが、もう1つの目的が「金融システムの安定」です。入門解説では前者の目的を主に取り上げましたが、中央銀行は「銀行の銀行」として決済の仲介のほか、一時的に資金不足に陥った金融機関に「最後の貸し手（レンダー・オブ・ラストリゾート）」として資金を供給する役割を担います。日銀はそのために個別の金融機関の経営実態を把握する「考査」や、金融システム全体のリスク状況の分析や規制の検討などをします。これをプルーデンス（prudence）政策といい、前者をミクロ・プルーデンス、後者をマクロ・プルーデンスと呼びます。

　なお、米国の中央銀行、連邦準備理事会（FRB）は物価と並んで「雇用の最大化」を目的に据えています。第2章入門解説で解説します。

Q 9　東京証券取引所が海外投資家の日本株への投資拡大を主な目的に「旧東証1部」から衣替えしたプライム市場への上場の基準について、**間違っている**説明はどれか。

❶ 決算書作成で国際会計基準（IFRS）の採用を義務付けた。

❷ 市場で流通する株式の比率（流通株式比率）の基準を引き上げた。

❸ 上場を維持する基準を新規に上場する基準と原則共通にした。

❹ 社外取締役の割合を取締役会の3分の1以上にする基準を適用した。

Q 10　日経平均株価について、**正しい**説明はどれか。

❶ 東証3市場の代表的な500社を選んで算出している。

❷ 東証株価指数に比べ市場全体の時価総額の動きを反映しやすい。

❸ バブル崩壊後の最安値で1万円を割ったことがある。

❹ 算出方式は米国のS&Pやナスダック総合指数と同じである。

東証プライム市場への上場基準は入門解説の図表1-21にまとめた通りです。実際に取引できる株式の比率の引き上げ、従来は新規上場基準に比べ緩かった上場維持基準の厳格化、社外取締役の人数に関する改訂企業統治指針（コーポレートガバナンス・コード）の適用に関する選択肢❷〜❹は正しい説明です。これらにより流動性や時価総額が少ない企業のスタンダード市場への移行を促して、プライム上場企業を最上位市場にふさわしくなるように絞り込むのが狙いです。

IFRSについては図表1-23で解説しました。市場再編の目的が海外投資家の呼び込みなので、決算書をIFRSで作成することは流れに沿っており、東証も導入を推進していますが、今のところ「任意適用」になっています。なお、決算情報の英文開示の義務化は検討されています。

日経平均株価は「日経225」とも呼び、東証プライム上場企業から選んだ225社の株価で算出する指数（単位は円・銭）です。算出方法の基本は米ダウ工業株30種平均（単位はドル・セント）と同様で、225社の株価の合計を、指数に連続性を持たせるために調整した分母（除数）で割ります。東証株価指数（TOPIX）は約2000社の株式時価総額を加重平均して算出（単位は算出開始時を100としたポイント）しており、市場全体の時価総額の動きを反映しやすいのはTOPIXです。最安値は入門解説の図表1-20の通りで、終値では2009年の7054円98銭でした。

ダウ平均と並び米国を代表する株価指数のS＆P500種株価指数（500社対象）やナスダック総合指数（ナスダック上場全社対象）はTOPIXと同じ時価総額加重平均型の指数です。

企業の決算では、売上高から様々な費用や損失を引き、以下のように各段階の利益を算出する。営業利益までの段階で、まだ引かれていないのはどれか。

売上総利益 → 営業利益 → 経常利益 → 純利益

❶ 仕入れた部品や材料の代金

❷ 出荷した製品の輸送費用

❸ 借入金の支払利息

❹ 社員の給料

 営業キャッシュフローと投資キャッシュフローの合計であるフリーキャッシュフロー（FCF）の説明として、間違っているのはどれか。

❶ 借入金の返済や株主への配当に回せるお金である。

❷ 損益計算書で利益が出ていてもプラスとは限らない。

❸ 成長ステージにある会社は一般にプラスになる。

❹ 株価を上げたい企業が自社株の購入に使うこともできる。

　損益計算書で各段階の利益を算出していく際に差し引いていく費用については、入門解説の図表1-24で見た通りです。選択肢の❶は売上原価で売上総利益を算出する際、❷は販売費および一般管理費（販管費）なので営業利益を算出する際に差し引きます。❹についてはこの企業が工場を持つ製造業で社員が製造に携わっていれば原価、間接部門であれば販管費であり、いずれの場合も営業利益までの段階で引かれています。

　営業利益から経常利益を算出する際に引くのが営業外費用で、「主たる営業活動以外の活動から経常的に発生する費用」として借入金の支払利息はここにあたります（会社が保有している不動産の賃貸収入など本業以外の活動で経常的に得ている収益があれば営業外収益として足します）。営業利益までの段階で引かれていないのは❸です。

　フリーキャッシュフロー（FCF）については入門解説の図表1-27で取り上げました。営業CFと投資CFを足してプラスなら借入金を返済したり、株主に配当したり、さらに投資したりと自由に使えます。営業CFに関しては損益計算書で利益が出ていても売掛金のままで現金が入ってこなければプラスとは限りません。成長ステージにある会社は設備投資や企業買収でお金が出ていくので投資CFがマイナスであることが健全です。この点に関する選択肢❸が間違いです。この場合、営業CFと合計したFCFのマイナスは借入金など財務CFのプラスで埋めています。

　株式を上場している企業であれば、FCFが潤沢な割に株価が低迷していると株主が不満を持ちます。株価を上げる目的で自社株買いに使うのも選択肢の1つです。

Q 13

株価が割安か割高かを判断する指標PBRは、株価を1株当たり（　　　）で割って求め、「会社の解散価値」とも呼ばれる。（　　　）に当てはまるのはどれか。

❶ 総資産

❷ 純資産

❸ 経常利益

❹ 純利益

Q 14

企業の稼ぐ力を測る指標の1つである投下資本利益率（ROIC）は、（　A　）を（　B　）で割って算出する。AとBに当てはまる組み合わせはどれか。

❶ A＝純利益　　　　　　　B＝有利子負債

❷ A＝純利益　　　　　　　B＝株主資本

❸ A＝税引き後営業利益　　B＝総資産

❹ A＝税引き後営業利益　　B＝有利子負債＋株主資本

PBRは東京証券取引所が2023年3月、プライム市場とスタンダード市場の上場企業を対象に「資本コストや株価を意識した経営の実現に向けた対応」を要請した際、PBR向上の方針策定や取り組みを促したことで注目を集めました。その際の目安が「PBR1倍」で、株価を1株当たりの会社の純資産で割って求めます。A社が2倍、B社が0.5倍であれば、A社の株は割高、B社の株は割安ということになります。

PBRは業種によって差があり、例えば東証プライム上場企業の23年1月時点の平均では医薬品が約2倍に対し、銀行業は約0.5倍でした。割高・割安の判断には同業他社との比較や別の視点を組み合わせる必要があります。収益面から割高か割安かを判断する株価収益率（PER）は株価を1株当たり純利益で割ります。

投下資本利益率（ROIC）は入門解説の図表1-29で取り上げました。株主が出したお金でどれだけ利益を上げているかを測るのが「純利益÷株主資本」で算出する自己資本利益率（ROE）ですが、この指標は負債を増やしたり、分母を小さくする自社株買いなどでも上昇させることができます。事業は株主が出した資本と銀行などの債権者が出した有利子負債で行うのでその合計を分母にし、そのお金でいくら利益が出たかをシンプルに示す税引き後営業利益を分子に算出するのがROICです。

ROICを評価する際は、資金提供者の期待収益率（期待する値上がり益や配当、利子）である加重平均資本コスト（WACC = Weighted Average Cost of Capital）という指標と比較します。ROICがWACCを上回っていれば企業価値を生み出していることを示します。

Q 15 代表的な知的財産権である特許権と著作権について、正しい説明はどれか。

① 特許権の保護期間は成立までの時間にかかわらず出願から原則20年。

② 特許権を出願すれば発明した技術の内容を秘匿できる。

③ 映画製作会社が持つ著作権の保護期間は公表から50年である。

④ 著作権の保護期間は海外との貿易協定などで短縮される傾向にある。

Q 16 2024年度から建設業・運送業（トラック運転手）にも適用が始まった残業時間の上限規制など働き方改革関連法について、正しい説明はどれか。

① 他業種に適用されてきた年720時間の上限が両業種とも適用された。

② 両業種とも特別な事情があっても年上限時間を超えてはいけない。

③ 建設業は繁忙期は休日労働を含む残業が月100時間を超えてよい。

④ これまで必要だった残業時間の労使協定の締結は不要になった。

特許権は成立すればその技術を使う権利を独占できる代わりに出願から1年半後にその発明内容が公開され、権利が成立しても「出願から20年後」には誰でも使えるようになります。先発メーカーの特許切れ成分を使う後発医薬品（ジェネリック）が代表例ですが、医薬品では出願から権利成立まで長期間かかることが多いため、最大5年間の保護期間延長が認められています。なお、軍事転用可能な技術に関しては特許を非公開にできる制度（秘密特許）が2024年中に施行される予定です。

著作権の保護期間は日本では長らく「著作者の死後50年」でしたが、環太平洋経済連携協定（TPP）の締結などで18年末から、海外のすう勢に合わせ70年に延長されました。映画製作会社が保有する著作権については日本ももともと70年でした。米国の著作権保護期間は95年です。

働き方改革関連法は2019年度から大企業、20年度から中小企業に適用されましたが、建設業とトラック運転手は適用が5年間猶予されていました。その猶予期間が過ぎ24年4月から適用が始まったことで懸念されているのがいわゆる「2024年問題」です。働き方改革関連法での残業時間規制のポイントは従来は労使が合意すれば法定では年360時間である残業時間を実質「青天井」にできたのを「年720時間」と上限を設け、特別な事情があっても超えてはいけないとしたことです。ただしトラック運転手に関しては「年960時間」とされましたので、①は間違いで②が正解です。

「月100時間」は建設業には災害復旧時を除いて適用されます（入門解説の図表1-34参照）。法定労働時間を超えて残業をする場合は労働基準法36条に基づく労使協定が必要なことは変わりません。

Q 17

マーケティングに関する以下の複数の分析フレームワークを組み合わせて戦略を立て、新製品やサービスを発売していく過程で、最後に使うのはどれか。

❶ 3C

❷ 4P

❸ PEST

❹ STP

Q 18

米国の経営学者ピーター・ドラッカーは、企業の目的は（　A　）であり、そのために必要な2つの基本的機能は（　B　）とイノベーションである、と説いた。それぞれに当てはまるのはどれか。

❶ A＝売上高の拡大　　B＝マネジメント

❷ A＝利益の最大化　　B＝ファイナンス

❸ A＝顧客の創造　　　B＝マーケティング

❹ A＝社会への貢献　　B＝リーダーシップ

　マーケティング戦略を立てるのに使う分析のフレームワークには流れが
あり、環境分析をして基本戦略を立ててから具体的な施策を立案すること
は入門解説の図表1-36に示しました。最後に使うのは4Pです。Product、
Price、Place、Promotionのうち3つ目のPlaceは直訳せず「流通」「販路」
と説明しますが、ネットで売るか実店舗で売るか両者の融合かなどデジタ
ルマーケティングにも大きく関連する要素です。

　選択肢❸のPESTは入門解説で取り上げませんでしたが、Politics（政
治）、Economy（経済）、Society（社会）、Technology（技術）の4つの側
面からマクロ環境を分析するフレームワークで、3C分析の前に位置付け
られます。なお政治、社会、技術の要素については日経TESTが測る「視
野の広さ」の評価軸と関連が深く、第3章で主に解説します。

　入門解説で取り上げたドラッカー（1909〜2005年）の言葉です。「経営
学の父」とも呼ばれ、ドラッカー語録として多くの言葉が引用されます
が、問題文に当てはまる言葉はその中でも最も重要とされるキーワードで
す。Aに入る「顧客の創造」には入門解説で説明しました。Bに入る「マ
ーケティング」については「既にある欲求を満足させること」、問題文でマ
ーケティングと並ぶ機能としているイノベーションは「顧客が知らない新
しい価値を創造し、満足させること」などと位置付けています。

　ドラッカーは、このように顧客を理解したうえでマーケティングを展開
すれば、販売（セールス）は不要になるともしました。マーケティングと
は売る仕組みでなく、「売れる仕組みをつくること」、という入門解説での
説明につながります。

Q 19

左はそのまま海外でも通用するとされる日本語、右はそれが象徴する生産技術に関する用語だ。左右の組み合わせとして、間違っているのはどれか。

❶ アンドン（andon）　——　見える化

❷ カイゼン（kaizen）　——　TQM（総合的品質管理）

❸ カンバン（kanban）　——　ジャスト・イン・タイム

❹ ケイレツ（keiretsu）　——　モジュール化

Q 20

企業が経営戦略を策定する際の外部環境分析の手法に、マイケル・ポーターが提唱した「5つの競争要因」がある。新規参入の脅威、代替品の脅威、売り手の交渉力、買い手の交渉力に加え、もう1つの要因はどれか。

❶ マクロの経営環境

❷ 経営者の資質

❸ 新技術の脅威

❹ 業界内の競合関係

アンドン、カイゼン、カンバンはいわゆるトヨタ生産方式、ケイレツは
トヨタを代表とする日本の自動車業界の強みとされていた完成車メーカー
と部品メーカーのサプライチェーンのことです。生産ラインでの異常発生
を知らせすぐ止めるアンドンは最近ビジネスの現場で重視される「見える
化」と共通します。「カイゼン」は総合的品質管理（TQM）として世界に
広がりました。物流を効率化するカンバンは必要なときに必要なだけ部品
をそろえるジャスト・イン・タイムを実現するための手法です。

ケイレツ（系列）は完成車メーカーを頂点とした部品メーカーとの強固
な垂直統合関係で、入門解説の図表1-38にある「擦り合わせ」と一体の日
本の自動車メーカーの強みでした。モジュール化はものづくりの新しい流
れで、選択肢④の組み合わせが間違いです。

「5つの競争要因」は米国の経営学者、ハーバード・ビジネススクールの
ポーター教授による業界分析の手法です。ファイブフォースとも呼び、日
経TESTでもたびたび出題される題材です。実際のビジネスで起きている
競争を当てはめると、「新規参入の脅威」は最近では異業種からの自動車
への参入、「売り手の交渉力」はパソコンメーカーとインテルの半導体、
「買い手の交渉力」は食品・飲料メーカーと大手コンビニ、「代替品の脅
威」はデジタルカメラとスマートフォンの関係が挙げられます。

図式的にその中央にあるのが「業界内の競合関係」です（入門解説の図
表1-39参照）。同業のライバルとの競争のことで、ネット通販における送
料無料化などが最近の代表的な事例です。第2章の入門解説の後半で取り
上げる業界の動きを見ていくうえでも参考になる考え方です。

実践知識

Knowledge

ビジネスパーソンが課題を解決する際に役に立つ実践的な知識が身についているかどうかを測るのが、この評価軸です。会社を取り巻く「経営環境」と、その中で企業がどのような戦略で臨んでいるかを問う「企業戦略」の 2 つの問題があります。「生きた経済」を対象とし、出題範囲も広く見えますが、「ビジネスのために押さえておくべき知識」と考えると、的が絞られます。

この章の入門解説では、前半でまず経営環境を知るうえで欠かせない世界経済のポイントを国・地域別に、後半で企業戦略を理解する前提となる産業に関する知識のポイントを業界別に解説していきます。

米国経済①

● 消費が7割占める経済、経常収支は世界最大の赤字
● 強いドル、世界経済を左右する米国の金利動向
● 金融政策は雇用重視、「世界で最も注目される経済指標」

　米国は世界経済の最大プレーヤーです。名目国内総生産（GDP）は2022年時点で約25.5兆ドル、世界全体のGDPの4分の1強を占めます。

　米国経済の特徴はGDPに占める個人消費の割合が約7割と高いことです。日本は5割台、中国は4割弱です。このためモノの輸入が多く、モノの貿易は常に赤字です。大幅な黒字を稼ぐサービス収支や第1次所得収支を加味した経常収支も22年は約9700億ドルの赤字を記録しました。米国はその分を埋め合わせるお金を世界から借りる「世界最大の純債務国」です。それを成り立たせているのが、世界のお金を米国に引き付ける「強いドル」です。以上が米国経済を理解する第1のポイントです。

　第2のポイントが、金融政策と雇用の動向です。第1章の図表1-14で見たように、中央銀行である米連邦準備理事会（FRB）は15年、リーマン危

図表 2-1

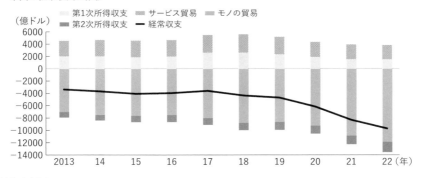

米国の経常収支の推移

（資料）米商務省

機後の08年から続けてきた政策金利ゼロ（0〜0.25％）から脱し、段階的な金利引き上げを始めていました。コロナ危機対応で20年から再び金利ゼロに引き下げていましたが、21年末の消費者物価上昇率が39年ぶりの高水準となり、インフレ克服が課題になったことから22年3月、再び利上げを始めました。政策金利の変更幅は通常0.25％ずつですが、同年6〜11月は4回続けて0.75％ずつの大幅な利上げを実施。23年も0.25％ずつ4回上げ、5.5％になりました。

　米国が利上げすると、それまで米国に比べ金利が高かった新興国の通貨に投資されていたお金がドルに戻ります。それを食い止めるためブラジルやアルゼンチンなどの新興国は国内経済が低迷する中でも大幅な利上げを迫られました。日本にとってもドルと円の金利差が開いたことで大幅な円安ドル高が生じたことは、第1章の為替市場の項で見た通りです。

　米国の金融政策の特徴は、FRBが金融政策の目的を物価の安定とともに、「雇用の最大化」にしていることです。雇用を重視するのは日欧など米国以外の中央銀行にない特徴で、デュアルマンデート（2つの責務）ともいいます。FRBの政策決定に特に影響するのが毎月、原則第1金曜日に発表される米国の雇用統計です。「非農業部門の雇用者数」の前月に比べた増減は、賃金や個人消費の動向に大きく影響するため、「世界で最も注目される経済指標」とも呼ばれます。

図表 2-2 ――――――――――――――――――――――――――――――――

米国の消費者物価上昇率と雇用者増加数

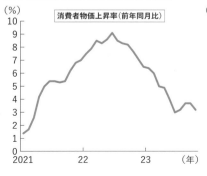
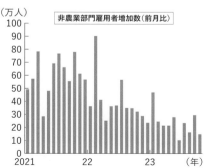

（資料）米労働省

米国経済②

- 巨大企業が集中、増え続ける人口と人材の多様性が強み
- 白人比率が低下し40年代50%割れへ、社会の分断加速
- 2024年は大統領選、民主・共和党の支持基盤に変化

　米国が世界最大の経済大国である理由は、高い付加価値を稼ぐ企業が集中していることと、主要国の中では増え続けている人口、そして世界各国から有能な人材が米国に集まっていることなどです。

　企業の価値を示す株式時価総額の世界上位10社は、サウジアラビアの国営石油会社サウジアラムコ以外、米企業が独占しています。GAFAM（グーグル、アップル、フェイスブック＝現メタ、アマゾン・ドット・コム、マイクロソフト）やMATANA（GAFAMからメタを除きテスラとエヌビディアを加える）などと呼ばれる巨大テック企業が富を稼いでいます。

　マイクロソフト、アルファベット（グーグルの親会社）、IBMなど主なテック企業にインド系経営者が目立つなど、世界から集まる多様な人材が米国経済に活力をもたらしています。人口も2000年の2.8億人から20年

図表 2-3

世界の株式時価総額上位10社 （2023年12月27日時点、億ドル）

①	アップル	米国	30040	IT
②	マイクロソフト	米国	27801	IT
③	サウジアラムコ	サウジアラビア	21391	エネルギー（石油）
④	アルファベット	米国	17629	IT
⑤	アマゾン・ドット・コム	米国	15846	小売り（EC）
⑥	エヌビディア	米国	12205	半導体
⑦	メタ	米国	9195	IT
⑧	テスラ	米国	8310	自動車
⑨	バークシャー・ハザウェイ	米国	7779	投資会社
⑩	イーライ・リリー	米国	5520	医薬品

（資料）2023年12月31日付日経ヴェリタス

米国の人口と人種構成

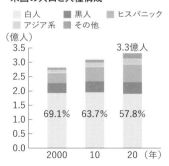

（資料）米国勢調査局。比率は総人口に占める白人の比率

は3.3億人に増えました。少子高齢化は米国でも進んでいますが移民の流入があり、巨大な消費市場を支えています。その中で総人口に占める白人比率が20年は60%を下回り、40年代半ばには50%を割ると予測されています。多様化が進む一方、社会の分断が一段と加速すると懸念されています。

　最後に、24年11月に行われる世界最大の政治イベント、米大統領選挙について触れます。大統領選は4年ごと（夏季五輪がある年に一致）、11月の第1月曜日の翌日（火曜日）に行われます。カリフォルニア州55人、フロリダ州29人など各州の人口で割り当てられた選挙人を勝った候補者が総取りする仕組みです。

　選挙の仕組みと米国の2大政党、民主党と共和党の特徴を図表2-4にまとめました。民主党はリベラル・大きな政府で、支持基盤は地域的には大都市が多い東海岸と西海岸、階層的には労働組合やマイノリティーでしたが、トランプ氏が当選した16年の大統領選挙以降、共和党にも労働者層の支持が広がるなどの変化が見られます。

　脱炭素やESG（環境・社会・企業統治）投資を巡って民主党は推進、共和党には反ESGが広がるなどの政策の違いもありますが、保護主義的な通商政策をとる点は一致しています。トランプ政権時代に離脱した環太平洋経済連携協定（TPP）については21年発足した民主党のバイデン政権下でも復帰の動きは見られませんでした。

図表 2-4

米大統領選挙と中間選挙

大統領 副大統領	任期4年 （2期まで）	任期4年 （2期まで）	任期4年 （2期まで）

2020年　　　2024年　　　2028年

	中間 選挙		中間 選挙		中間 選挙	
下院 議員	435 議席	435	435	435	435	435

2年ごとに全議席改選

上院 議員	100議席を2年ごと3分の1ずつ改選

民主党と共和党の特徴

民主党		共和党
● リベラル （大きな政府）	政治 スタンス	● 保守 （小さな政府）
● 大都市がある東海岸やカリフォルニア州など西海岸 ● マイノリティー ● 労働組合 →最近は富裕層・高学歴層が目立つ	支持 基盤	● 農業地帯が多い中西部やフロリダ州などの南部 ● 白人 ● 敬虔なキリスト教徒 →最近は労働者層の支持も
● 通商政策ではかつて民主党＝保護主義、共和党＝自由貿易主義だったが、最近はともに保護主義的		

中国経済①

- 米国を追い上げる経済規模、GDPは4分の3に迫る
- 共産党大会が最高意思決定機関、「習一極」体制強まる
- 建国100年へ強国戦略、一帯一路と製造強国を推進

　米国に次ぐ世界2位の経済大国となった中国の経済規模は2022年時点で名目GDPが約18兆ドルと、世界経済の2割近くを占めます。図表2-5は米中の名目GDPの推移です。第1章で見た日中と同様、米中のGDP規模の差も急速に縮まり、ほぼ4対3まで追い上げています。

　中国経済はGDPに占める個人消費の比率が4割弱にとどまる一方、政府と民間の投資（総固定資本形成）が大きく、この投資が主導して2000年代には年率10%を上回る経済成長を続けました。

　しかし、習近平氏が12年に中国共産党総書記、13年に国家主席に就いたころから過剰投資の弊害が目立ち始め、16〜20年の5カ年計画では成長率を減速させ過剰設備を抱える国有企業の改革などを進める安定成長路線に転換。21〜25年の5カ年計画では従来の輸出主導型の成長路線の見直

図表2-5 ———————————————————————

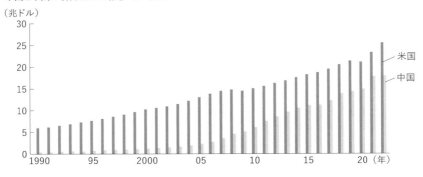

米国と中国の名目GDPの推移（ドル換算）

（資料）IMF世界経済見通し（2023年10月）

しも明確にし、内需主導型の成長路線を打ち出しています。

　中国は共産党一党独裁という政治体制をとっています。日本でいえば内閣にあたる国務院や、国会に相当する全国人民代表大会（全人代）より共産党が上位に位置付けられ、その最高意思決定機関が5年に1度開く共産党大会です。22年10月の共産党大会では習近平総書記が3選されただけでなく、チャイナセブンと呼ばれる最高幹部も習派で固めました。それまでの「習一強」から「習一極」に権力の集中が強まったといわれます。

　3期目の習政権が打ち出しているのが「強国戦略」です。1期目に打ち出した広域経済圏構想「一帯一路」と産業政策「中国製造2025」はその両輪で、後者では次世代情報技術など10の重点分野と23の品目を設定し、半導体などで米国を頼らない供給体制を築いていくのが目標です。

　中国建国100年にあたる49年までに、経済、軍事、文化などあらゆる面で米国に並ぶ「社会主義現代化強国」を目指しています。国内に資本主義経済の維持を認める「一国2制度」の特別行政区である香港に対しては20年に香港国家安全維持法を制定し、統制を強めました。台湾統一についても「必ず実現しなければならない」（22年党大会での習氏の活動報告）とし、米国の介入を強くけん制しています。厳しい統制のもとでの経済成長モデルなど「中国式現代化」による中華民族復興を強く打ち出しているのが3期目の習体制の特徴です。

図表 2-6

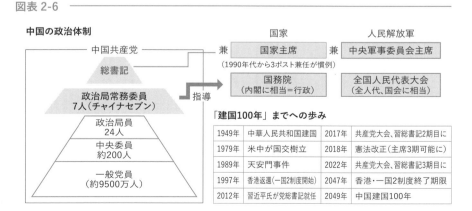

中国の政治体制

	国家		人民解放軍
中国共産党	兼 国家主席	兼	中央軍事委員会主席
総書記	（1990年代から3ポスト兼任が慣例）		
政治局常務委員 7人（チャイナセブン）	→ 指導 国務院（内閣に相当＝行政）		全国人民代表大会（全人代、国会に相当）
政治局員 24人			
中央委員 約200人			
一般党員 （約9500万人）			

「建国100年」までへの歩み

1949年	中華人民共和国建国	2017年	共産党大会、習総書記2期目に
1979年	米中が国交樹立	2018年	憲法改正（主席3期可能に）
1989年	天安門事件	2022年	共産党大会、習総書記3期目に
1997年	香港返還（一国2制度開始）	2047年	香港・一国2制度終了期限
2012年	習近平氏が党総書記就任	2049年	中国建国100年

中国経済②

- 急速に進む高齢化と生産年齢人口減、経済成長を制約
- 膨らむ不動産バブルと過剰債務が当面のリスク要因
- 「共同富裕」による規制強化、テック企業の活力に陰り

　前項で見た強国戦略をとる中国が直面する課題はまず、今後の経済成長を大きく制約する人口減少と高齢化です。中国は2015年まで「一人っ子政策」を続けた影響で22年の年間出生数が1000万人を割り、23年は900万人を割り込んだという見方があります。総人口でも23年、インドに抜かれて世界2位になりました。

　国連の人口推計によると、22年は約14%だった中国の高齢化率（65歳以上の割合）は50年に30%を上回り、現在の日本並みに上昇します。これに伴い生産年齢人口（15〜64歳）は22年の9.8億人から50年には7.7億人と、2億人以上減る見通しです。

　図表2-5で見た中国経済の勢いが続くと30年代には中国のGDPが米国を上回りそうに見えますが、仮に逆転しても米国が再逆転するか、結局は

図表 2-7 ─────────────────────────────

中国の合計特殊出生率

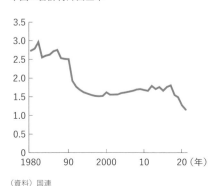

（資料）国連

中国の高齢化率の予測（65歳以上人口の比率）

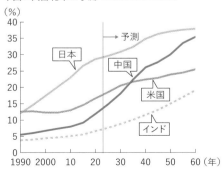

（資料）国連世界人口推計2022、日本は20年国勢調査に基づく推計

米国を上回れないという見方も有力です。労働人口減少による成長の減速を見込んだものです。中国には豊かになる前に老いてしまうことを懸念する「未富先老」という言葉があります。中国の1人当たりGDPは19年に1万ドルに達したものの伸び悩んでおり、多くの途上国が経験した「中所得国の罠」に陥る可能性も指摘されています。

　当面のリスク要因としては不動産部門や国営企業の過剰債務の問題があります。国際決済銀行（BIS）によると中国の債務残高は23年、GDPの3倍を上回りました。無謀な投資を繰り返して経営危機に陥り23年に破産法適用を申請した不動産大手、中国恒大集団など民間部門の債務のほか、地方政府がゼロコロナ政策に伴う景気対策で、インフラ建設のため債券発行を増やしたことも債務急膨張の背景にあります。

　企業への統制を強める習政権の政策にも懸念が出ています。最近の中国経済の急成長は政府や国営企業の投資だけでなく、アリババ集団、テンセントなど米国の「GAFAM」に匹敵する民間のテック企業（頭文字をとりBATHやATM）がけん引してきました。しかし21年以降、アリババ集団傘下のアント・グループの上場延期や、ゲーム業界などを対象とした規制強化政策が相次ぎました。改革開放路線の中でとってきた「先富論」を見直す習政権のスローガン「共同富裕」による格差是正が狙いとされますが、これらの政策も中国の成長力をそいでいく可能性があります。

図表 2-8

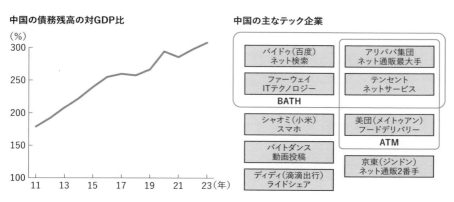

中国の債務残高の対GDP比

中国の主なテック企業

バイドゥ（百度）ネット検索	アリババ集団 ネット通販最大手
ファーウェイ ITテクノロジー	テンセント ネットサービス
BATH	
シャオミ（小米）スマホ	美団（メイトゥアン）フードデリバリー
バイトダンス 動画投稿	**ATM**
ディディ（滴滴出行）ライドシェア	京東（ジンドン）ネット通販2番手

（資料）国際決済銀行（BIS）。各年末、23年は6月末

欧州経済

- 市場と通貨と金融政策を統合、英国脱退し27カ国連合
- 単一市場の存在感、「規制パワー」で世界経済に影響力
- ロシア産エネルギーに依存、移民問題への対応も課題

　欧州連合（EU）は1993年に誕生しました。政治面では立法、行政、司法、外交の機能を持ち、経済面では域内の人・モノ・サービス・資本の移動が自由な市場を形成するのが最大の特徴です。東欧などに加盟国を増やし28カ国まで拡大しましたが、2020年に英国が脱退し、27カ国になりました。02年に単一通貨ユーロの流通が始まりましたが、英国は離脱前もユーロに参加せず、通貨ポンドを使用してきました。

　世界経済におけるEUの位置を図表2-9に示しました。GDPの規模は中国とほぼ同じ、人口は4.5億人、1人当たりGDPは27カ国平均でも日本を上回っており、「単一市場」として大きな存在感があります。

　欧州議会や理事会で認められたEU法が共通ルールとして各国の国内法に優越して適用されるのが特徴で、EUを市場とする他国も従わざるを得

図表2-9

欧州連合（EU）による経済統合の内容

市場	人の移動	○	● 非加盟のスイスやノルウェーなども含めパスポートなしで移動（シェンゲン協定国）
	モノ・サービス・資本	○	● 輸出入関税なし・資本移動の自由 ● EU法が各国国内法に優越し適用
通貨・金融政策		○	● ユーロエリア20カ国で共通通貨（スウェーデン、デンマークなど7カ国は独自通貨）
財政		△	● それぞれの加盟国が責任（各国が予算） ● 各国の財政赤字などには厳格なルール

統治機構

欧州理事会 （首脳会議）	ミシェル大統領 （ベルギー）
欧州議会 （立法機関）	欧州委員会 （行政機関）	フォンデアライエン 委員長（ドイツ）
欧州司法 裁判所	欧州中央銀行 （ECB）	ラガルド総裁 （フランス）

（カッコ内は出身国、EU委員長は24年10月が任期）

世界経済におけるEUの位置

名目GDP （兆ドル）

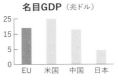

人口 （億人）

1人当たりGDP （万ドル）

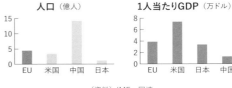

（資料）IMF、国連

ないケースが目立ちます。事実上の域外適用です。個人情報保護に関する一般データ保護規則（GDPR）のほか、人権・環境関連を中心にEUが「規制パワー」を発揮し、世界のビジネスに影響を及ぼしています。

EUの弱みは、財政の統合は進んでいないことです。09年にギリシャに端を発して南欧各国が財政難に陥る「欧州債務危機」が起きました。EUは各国に財政緊縮策を課しましたが、これに反発して右派のポピュリズム（大衆迎合主義）政党が台頭しました。このほか英国のEU離脱の理由の1つとなった移民増加への対応も直面する大きな課題です。

22年のロシアのウクライナ侵攻により改めて浮上したのが各国のロシア産エネルギーへの依存です。20年のEUのエネルギー使用全体に占めるロシア産エネルギーの割合は天然ガスで4割を占めました。大半はパイプラインで供給されており、主要国では特にドイツの依存度が高いのが特徴です。EUはロシア産エネルギーへの依存を27年までに終わらせるとしていますが、原子力発電の割合が大きいフランスに対してドイツは脱原発を進めるなど、エネルギー政策の食い違いも目立ちます。

ロシアとの関連で、旧ソ連の脅威に対応して結成され加盟国を拡大している軍事同盟・北大西洋条約機構（NATO）との関係を図表2-10に示しました。ロシアと国境を長く接するフィンランドとその隣国スウェーデンはNATO非加盟国でしたが、22年に相次ぎ加盟を申請しました。

図表2-10

欧州連合（EU）の歴史と北大西洋条約機構（NATO）との関係

1967年	前身の欧州共同体（EC）発足（仏独など6カ国）
1973年	英、デンマーク、アイルランドがEC加盟
1993年	EU発足（12カ国）
1999年	単一通貨ユーロ導入
2002年	ユーロ流通開始（英、スウェーデンなど除く12カ国で）
2013年	クロアチア加盟で28カ国に
2016年	英国民投票で離脱過半数
2020年	英国が離脱、27カ国に
2023年	クロアチアがユーロ導入、ユーロ圏は20カ国に

EU
- スウェーデン（NATO加盟申請中）
- アイルランド
- オーストリア
- マルタ
- キプロス

（EU・NATO両方）
- フランス
- ドイツ
- イタリア
- ベルギー
- オランダ
- ルクセンブルク
- デンマーク
- スペイン
- ポルトガル
- ギリシャ
- フィンランド（23年4月加盟）
- チェコ
- ハンガリー
- ポーランド
- エストニア
- スロバキア
- スロベニア
- ブルガリア
- ラトビア
- リトアニア
- ルーマニア
- クロアチア

NATO
- 米国
- 英国
- カナダ
- ノルウェー
- アイスランド
- アルバニア
- モンテネグロ
- 北マケドニア
- トルコ

（2024年1月時点）

アジア経済

- 所得伸びるASEAN、インドネシアなど中間層市場が拡大
- チャイナプラスワンで対米輸出拡大のベトナム経済も好調
- 輸出主導のアジアNIES、韓国は出生率落ち込み深刻

　中国以外のアジア経済を概観します。アジアNIES（新興工業経済群）と呼ばれる韓国、台湾、香港、シンガポールの4カ国・地域と、東南アジア諸国連合（ASEAN）に加盟するインドネシア、タイ、マレーシアなど10カ国があります。以上の国・地域に中国を加えると、輸出入の金額ベースで日本の貿易相手先の5割以上を占めます。南アジアのインド経済については次項で見ます。

　ASEAN各国の概要を図表2-11に示しました。名目GDPの合計は約3.6兆ドルで、1つの国として見れば日本とドイツに次ぐ経済規模です。人口が多いインドネシアとフィリピンは内需主導で成長が続いています。タイとマレーシアは輸出主導型の経済です。特にタイは日本など世界の自動車産業の一大集積地で、完成車工場に加え、多くの部品メーカーが進出して

図表2-11 ────────────────────

ASEAN各国の概要（2022年）

	名目GDP （億ドル）	人口 （万人）	1人当たり GDP（ドル）
インドネシア	13,188	27,486	4,798
タイ	4,954	7,008	7,069
シンガポール	4,668	564	82,807
マレーシア	4,070	3,265	12,465
ベトナム	4,065	9,946	4,086
フィリピン	4,043	11,157	3,623
ミャンマー	662	5,389	1,227
カンボジア	288	1,599	1,801
ブルネイ	167	44	37,850
ラオス	153	748	2,046

（資料）IMF世界経済見通し（2023年10月）

日本の貿易相手国・地域（2021年）

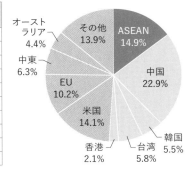

（資料）外務省

います。インドネシアは電気自動車（EV）向け電池に欠かせない資源・ニッケルの世界最大の生産・加工地である点が最近注目され、海外から投資が相次いでいます。

　以上の国に世界の金融センターの1つである先進国・シンガポールを加えて主要5カ国と呼んできましたが、最近、成長が目立つのがベトナムです。国際通貨基金（IMF）の予測では2024〜25年の成長率が6〜7%程度と、5カ国を大きく上回る見通しです。賃金が上昇し政治的なリスクもある中国から先進国の生産拠点が移り（いわゆるチャイナプラスワン）、米国向けを中心に輸出主導の成長が続いています。政治体制は中国と同じ社会主義国ですが、TPP（環太平洋経済連携協定）のメンバー国です。

　カンボジア、ラオス、ミャンマーは「CLM」と呼ばれ、成長が期待される地域ですが、ミャンマーでは21年に起きた国軍のクーデター以降、国内の混乱が続いています。

　ASEANは15年、各国の主権を優先するなどEUに比べ緩やかな枠組みの経済圏、ASEAN経済共同体（AEC）を発足させました。域内の関税をほぼ撤廃しています。EUと比較するとGDPでは及びませんが、人口は6.7億人と大きく上回ります。特に1人当たりGDPが4000ドルを超えたインドネシア、同3000ドル台のフィリピンは、中間所得層の消費市場の急速な拡大が見込まれます。

　アジアNIESのうち韓国はサムスン電子、LG電子、SKハイニックスなど、台湾は世界最大の半導体受託製造会社の台湾積体電路製造（TSMC）、米アップルからiPhone生産の約6割を請け負う鴻海（ホンハイ）精密工業など、ITに関連する産業がけん引する輸出主導の経済です。

　韓国経済は1990年代後半のアジア通貨危機で打撃を受けましたが、輸出主導で経済をV字回復し、1人当たりGDPで日本に迫っています。IT関連のほか、最初から海外市場への売り込みを想定したエンターテインメントコンテンツなどでも稼いでいます。一方で韓国は22年の合計特殊出生率が0.78と世界最低水準になるなど日本と同様、深刻な少子化問題に直面しています。韓国統計庁は23年12月、総人口が72年までの50年間に約30%減り3600万人になるという推計を発表しました。

新興国・グローバルサウス

- インドが世界最大の人口大国、GDPも日本を抜く勢い
- 世界経済に占める比率は新興国・途上国がG7を既に逆転
- ウクライナ情勢巡るグローバルサウスの動向にも注目

　インドは2023年、中国を抜いて世界最大の人口大国になりました。14年に発足したモディ政権下で経済改革を進めています。タタ・グループなどが代表する財閥主導の経済構造が特徴とされてきましたが、最近はユニコーン（企業価値10億ドル以上の未上場企業）と呼ばれる新興企業も増えています。中国の習近平政権が企業への規制を強める中で、世界の投資マネーがインドに集まり始めたことが背景です。

　インドの1人当たりGDPは2000ドルを超えたばかりですが、急速に伸びており、新車販売台数で22年、日本を抜き、中国、米国に続く世界3位の自動車市場になりました（本章後半の図表2-17参照）。GDPの総額では22年に英国を抜いており、25〜26年ごろには日本も抜き世界3位になると予測されています。世界経済をけん引してきた中国の成長率がこの先も伸

図表 2-12 ────────────────────────────

インドと日本の経済規模
（名目GDP、ドル換算、23年以降は予測）

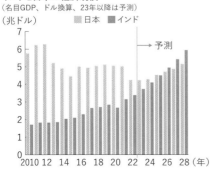

インドと中国の経済成長率
（実質GDP、ドル換算、23年以降は予測）

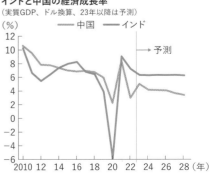

（資料）IMF世界経済見通し（2023年10月）

び悩む一方で、インドは当面、年6%程度の成長を続けると予測されています（図表2-12）。

　国際通貨基金（IMF）は1人当たりGDPなどから世界の190あまりの国々・地域を、40あまりの先進国・地域（advanced economies）と、それ以外（新興国と途上国 = emerging and developing economies）に分類しています。インドは後者の代表格です。

　2000年ごろまでは日米など世界の主要7カ国（G7）が世界のGDPの3分の2程度を占めていましたが、2010年ごろに半分を割り込みました。世界経済の成長の主役は新興国に移っています。

　主に世界政治の面で最近、「グローバルサウス」と総称する国々の動向が注目されています。かつては北半球の先進国と対比して貧しい「南」や、冷戦期に当時の東西両陣営と距離を置いた「第三世界」と呼ばれた国々ですが、現在のグローバルサウスには、インドなど今後の経済成長が期待される国々が目立ちます。

　最近ではロシアのウクライナ侵攻を巡って欧米各国とロシアの対立が深まる中で、国連決議などの場面でグローバルサウスの動向が注目されています。図表2-13に、08年にリーマン危機に対処するための世界的な枠組みとして設けられた「G20」に参加した新興国と、グローバルサウスに分類される主な国々をまとめました。

図表 2-13 ────────────────────

G7・G20とグローバルサウスの国々

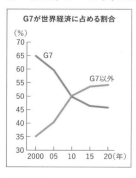

G7が世界経済に占める割合

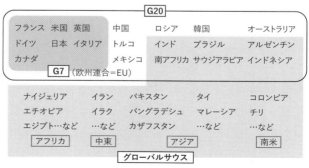

（資料）IMF

2
実践知識

貿易体制

- 自由貿易を推進するWTOは交渉まとまらず「漂流」
- 多国間の「メガFTA」、TPPに続き中国参加のRCEPも
- 米中対立も絡みIPEF、政治色の濃い枠組みも

　世界の国々・地域が国境を超えてモノ・サービス・資本をやりとりするのが貿易です。各国が得意なモノを生産して貿易を行えば全体の利益が最大になるというのが、英国の経済学者デヴィッド・リカードが示した「比較優位」の考え方です。これに基づき自由貿易（関税など貿易の障壁を低くする）を推進する枠組みが世界貿易機関（WTO）ですが、最近はメガFTAなど地域的な枠組みづくりの動きも進んでいます。

　第二次世界大戦が1930年代に進んだ各国の保護貿易化により起きたという反省に立ち、47年に創設されていた関税貿易一般協定（GATT＝ガット）がWTOの前身です。95年、国連の関連機関に格上げされ発足しました。2001年に中国、12年にロシアも加盟しています。

　前身のガット時代から加盟国によるラウンド（多角的交渉）と呼ぶ貿易自由化交渉を何度か進めてきましたが、WTOになって初めての交渉（カタールの首都ドーハで始めたことからドーハラウンド）は加盟国の利害が対立し、いまだ妥結していません。このほか貿易紛争の処理なども滞り、「漂流」とも呼ばれる機能不全が長らく指摘されてきました。

　その中で広がったのが、交渉に時間がかかる世界共通のルールづくりの前に、特定の国や地域との間で貿易を原則自由化しようという動きです。主にモノの関税撤廃を目指すのが自由貿易協定（FTA）、投資や知的財産なども対象にしたのが経済連携協定（EPA）です。WTOは一定の条件を満たせば2国間や多国間の協定を結ぶことは認めています。

　2国間のFTAやEPAをさらに進めたのが、多国間の枠組みである「メガFTA」です。日本が関係する主な枠組みを図表2-14に示しました。当初は

米国も含めた12カ国で調印したTPPはもともと米オバマ政権が主導した
もので、貿易面でも国家資本主義的な動きを強める中国に対抗する色彩が
強い枠組みでしたが、17年にトランプ前政権下の米国が離脱し、11カ国
による「TPP11」として発足しました（23年に英国が参加し12カ国に）。

　一方で日本も参加し、中国、韓国、インドや東南アジア諸国連合（ASEAN）
10カ国などが交渉を進めてきた東アジアの地域的な包括的経済連携
（RCEP）も20年に発足しました。RCEPはTPPに比べ関税撤廃度などは
低いものの、人口、GDPで世界の約3割を占める巨大な貿易協定です。

　バイデン政権がトランプ前政権と同様、「米国の（労働者の）利益第一」
の姿勢を崩さず、TPP復帰に慎重だったことは「米国経済」の項で解説し
た通りです。一方で中国は22年、参加のための基準から現実的には難しい
TPPへの加盟を申請するなど、米国を揺さぶりました。

　これらに対抗して米国は22年、関税の引き下げ・撤廃などは棚上げにし
て、半導体など重要物資の供給網（サプライチェーン）などで協力する新
経済圏構想「インド太平洋経済枠組み」（IPEF ＝ Indo-Pacific Economic
Framework）の交渉を呼びかけ、日本、韓国、オーストラリア、ニュージ
ーランド、インド、フィジー、ASEANから7カ国の計14カ国が参加しま
した。「経済的威圧」と呼ばれる動きを強める中国に対抗した、政治色も
濃い枠組みです。

図表 2-14 ───────────────────────────────

日本を巡る主な経済連携の枠組み

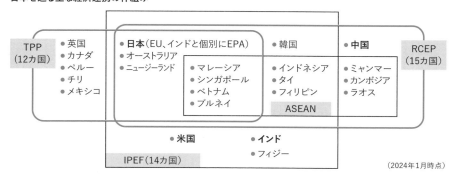

（2024年1月時点）

人口と資源

- 世界の人口、2050年には「4人に1人がアフリカ人」
- 原油は米国が生産トップもOPECプラスが影響力を維持
- バッテリーメタルなど重要鉱物の加工は中国に集中

　世界経済を国・地域別に見てきた前半の最後に、人口と資源について解説します。世界の人口に関しては国連が2100年までの推計を発表しています。図表2-15に世界の上位10カ国のランキングの推移を示しました。2050年時点になると、足もとの22年から23年にかけて首位が交代したインドと中国の順位はそのままですが、3位にアフリカのナイジェリアが浮上する予測になっています。そのほかコンゴ民主共和国、エチオピアが2億人を超えて、上位10カ国に入ります。

　地域別に見ると、現在は中国やインドネシアがある東・東南アジア地域の人口が最多ですが、30年代は減少に転じます。インドやパキスタンなどの中央・南アジアが最多になりますが、これを急速に追い上げ抜き去ると予測されるのがアフリカです。エジプトやタンザニアの人口も増えており、

図表 2-15 ————————————————————————

世界人口上位10カ国（2050年は国連予測）

	1990年	2022年	2050年
①	中国（1144）	中国（1426）	インド（1668）
②	インド（861）	インド（1412）	中国（1317）
③	米国（246）	米国（337）	ナイジェリア（375）
④	インドネシア（181）	インドネシア（275）	米国（375）
⑤	ブラジル（149）	パキスタン（234）	パキスタン（366）
⑥	ロシア（148）	ナイジェリア（216）	インドネシア（317）
⑦	日本（123）	ブラジル（215）	ブラジル（231）
⑧	パキスタン（114）	バングラデシュ（170）	コンゴ民主共和国（215）
⑨	バングラデシュ（106）	ロシア（145）	エチオピア（213）
⑩	ナイジェリア（94）	メキシコ（127）	バングラデシュ（204）
		⑪ 日本（124）	⑰ 日本（104）

2100年までの地域別人口予測

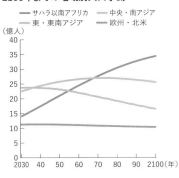

（資料）国連世界人口推計2022。丸数字は順位、カッコ内は百万人。2050年の順位は7月1日時点

世界の総人口が約100億人になる50年のアフリカの人口は現在の約14億人から25億人と「世界の4人に1人がアフリカ人」となります。

アフリカの中でもサブサハラ（サハラ砂漠以南のアフリカ）と呼ばれる地域の人口増加が著しく、国連予測では2100年には35億人に達します。同地域が「世界最後のフロンティア」と呼ばれる理由です。

次に資源について見ます。長期的には脱炭素が進みますが、足もとでは原油や天然ガスの需要は大きく、22年には原油価格が一時1バレル＝100ドルを突破するなど価格が上がり、世界的なインフレにつながりました。原油に関しては10年代に米国がシェール（頁岩）層からの採掘（シェール革命）でサウジアラビアやロシアを抜き世界首位になりました。その中で一時は弱体化した生産国の価格カルテル組織、石油輸出国機構（OPEC）は、ロシアが協調した「OPECプラス」として影響力を取り戻し、減産による価格維持を図っています。

脱炭素時代に重要になるのが、電気自動車（EV）の電池に不可欠なバッテリーメタルと呼ばれる金属など重要鉱物（クリティカルミネラル）です。コバルトの大半をコンゴ民主共和国が産出していることがよく報じられますが、その加工まで見ると中国に極端に集中しています。23年には中国がその1つのグラファイトの輸出を許可制にする動きもありました。中国による経済的威圧の動きの1つとされます。

図表 2-16

世界の原油生産量シェア（2022年）

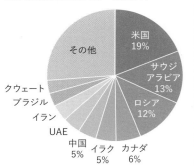

（資料）英エネルギー研究所

重要鉱物の首位国とシェア（2022年）

リチウム	生産	オーストラリア	47%
	加工	中国	65%
コバルト	生産	コンゴ民主共和国	74%
	加工	中国	76%
ニッケル	生産	インドネシア	49%
	加工	インドネシア	43%
レアアース	生産	中国	68%
	加工	中国	90%
グラファイト（黒鉛）	生産	中国	70%
	加工	中国	100%

（資料）2023年7月12日付日本経済新聞

自動車①

- 裾野広い産業、日本の全就業者の1割近くが関連
- 世界市場は8000万台、首位の中国が3分の1占める
- 日本メーカーはトヨタグループ軸に再編、3陣営に

　入門解説の後半では産業界に関する知識を解説します。最初に自動車業界を取り上げるのは、日本経済に占める割合が大きいためです。製造業の出荷額で見ると最も多い「輸送用機器」の中の9割が自動車産業です。上場企業の売上高ランキングでは首位と3位をトヨタ自動車、ホンダが占めますが、より重要なのはその「裾野」の広さです。道路貨物運送、ガソリンスタンド、損害保険なども関連事業として含めると、日本の2022年の就業人口の8%超の554万人が自動車関連産業に就業しています。

　次に、世界の自動車産業の規模を見ます。世界の自動車の新車販売台数は22年、約8162万台でした。このうちほぼ3分の1が中国市場で、23年は前年比12%伸び、3009万台になりました。新興国のインドも大きく伸び、22年は前年比約26%増の473万台と、日本を抜いて世界3位の市場に

図表 2-17

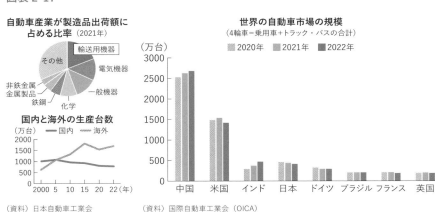

自動車産業が製造品出荷額に占める比率（2021年）

輸送用機器／その他／電気機器／一般機器／化学／鉄鋼／金属製品／非鉄金属

国内と海外の生産台数
（万台）　—国内　--海外

世界の自動車市場の規模
（4輪車＝乗用車＋トラック・バスの合計）
2020年　2021年　2022年
（万台）

中国　米国　インド　日本　ドイツ　ブラジル　フランス　英国

（資料）日本自動車工業会　　　（資料）国際自動車工業会（OICA）

なりました。

　日本国内の自動車販売はバブル経済期の1990年の約777万台をピークに2019年まで500万台を維持していましたが、20年から500万台を割り始め、22年は420万台、23年はやや盛り返し477万台でした。国内での自動車生産台数も22年、783万台と減少していますが、海外生産が1696万台あり、日本のメーカーが世界の約3割、約2500万台を生産しています。

　世界のメーカー別販売台数は19年まで独フォルクスワーゲン（VW）が首位でしたが、20年からトヨタグループが首位に立ちました。トヨタは軽自動車が主力のダイハツ工業を完全子会社、商用車の日野自動車を子会社、SUBARUを株式を約20％保有する持ち分法適用会社にしています。

　仏ルノー・日産自動車・三菱自動車は、ルノーが日産に43％、日産がルノーに15％、日産が三菱に34％を出資する関係にありましたが、23年からルノーと日産は15％ずつの対等出資になりました。このほかトヨタは乗用車でスズキ、マツダと資本提携、商用車ではいすゞ自動車とも資本提携してトヨタ中心の技術開発会社を設立しました。そこにスズキとダイハツも参加するなど、トヨタを軸に3陣営への集約が進みました。

　自動車メーカーでこのような提携や協業が進んでいるのは、自動車の電動化に多額な投資を必要とするためです。この電気自動車（EV）シフトについては次項で解説します。

図表 2-18

世界の自動車メーカーと、日本の自動車各社の主な提携関係

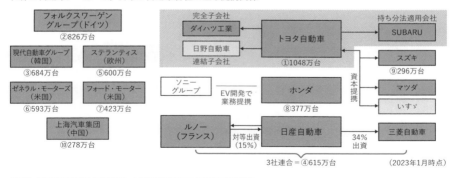

（資料）『日経業界地図』2024年版。丸数字は2022年の世界販売台数順位

自動車②

- 世界最大の中国市場、2035年に「ガソリンのみ車ゼロ」に
- テスラは「アップデートする車」が高収益の柱
- 異業種から参入、ソニー・ホンダは「走るスマホ」目指す

　電気自動車（EV）シフトが加速したのは、2019年に世界最大の市場である中国が、35年にガソリンのみで走る車の販売を禁止する方針を打ち出したためです。欧州連合（EU）や英国も相次ぎガソリン車廃止を打ち出し、日本も政府が20年にまとめた脱炭素のグリーン成長戦略で、軽自動車を含めすべての新車を30年代半ばまでに電動車（日本はハイブリッド車＝HV＝を含む）にする目標を掲げました。

　世界最大の自動車メーカーであるトヨタ自動車も21年に、30年のEVの世界販売目標を350万台に引き上げました。世界第2の市場である米国でもゼネラル・モーターズが35年までに全乗用車をEVと燃料電池車（FCV）にすると発表するなど、EVシフトが急速に進む見通しです。

　世界のEV販売では22年、EV専業の米テスラが年100万台を超えまし

図表 2-19 ─────────

2022年のEV世界販売台数

	メーカー	万台
1	テスラ	126.8
2	BYD	86.8
3	ゼネラル・モーターズ	70.4
4	VWグループ	56.3
5	浙江吉利グループ	36.1
6	現代自動車グループ	34.5
7	ルノー・日産・三菱自連合	28.3
8	広州汽車	27.1
9	ステランティス	25.1
10	奇瑞汽車	22.4

中国の電動化目標（ロードマップ）

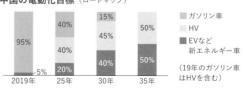

- ■ ガソリン車
- ■ HV
- ■ EVなど新エネルギー車

（19年のガソリン車はHVを含む）

主なメーカーの電動化目標（2024年1月時点）

トヨタ自動車	2030年にEV販売を年350万台に
VWグループ	30年に新車販売の50％をEVに
現代グループ	30年にEV生産台数を364万台に
日産自動車	30年度までに電動車を5割以上に
ホンダ	40年までに新車販売全てをEVと燃料電池車に

（資料）EV販売台数はマークラインズの提供データを基に日経Automotive作成

た。車全体の台数はまだトヨタの10分の1の規模ですが、投資家の評価を示す株式時価総額では20年に自動車業界世界一だったトヨタを抜き、一時はトヨタの4倍の水準になりました。

テスラは1台当たりの利益が大きい高級車をネット直販で売る販売方法をとるほか、車の制御ソフトなどをユーザーに提供して顧客から毎月、課金収入を得るビジネスも収益化しています。「オーバー・ジ・エア（OTA）」と呼ぶ技術で、車を買い替えなくてもソフトをアップデートすることで性能を最新の状態に保つことができます。いわゆる「脱・売り切り」のビジネスモデルで、1台当たりの純利益を突出して高めています。EVシフトを含めて自動車の次世代技術やサービスの新たな潮流を「CASE」と呼びますが、テスラの戦略はこれに対応した形になっています。

自動車業界でのもう1つ大きな動きが、異業種からの参入です。ソニーグループとホンダが折半出資したソニー・ホンダモビリティは25年から日米で自動運転のEVの受注を始め、まず北米と日本で発売する計画です。23年10月に日本でも初公開された試作車「アフィーラ」は、車内で楽しむコンテンツに継続課金するなど、ソフトで稼ぐ「動くスマホ」を目指すのが特徴です。ソフトが車の機能や特徴を決める「ソフトウエア定義車両（SDV）」の開発は世界で進んでおり、これからの自動車業界の収益の柱になると見られています。

図表 2-20

自動車の次世代技術・サービスのキーワード　　テスラの事業モデル

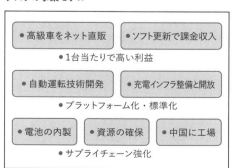

電機

- 事業再編進む日立、総合電機から「デジタル会社」に
- ソニーグループは電機からエンタメ稼ぎ頭の複合企業
- リーマン危機後の事業再編で明暗、東芝は株式非公開化

　電機業界はかつて自動車とともに日本の産業の2本柱といわれた業界です。家電から発電など重電、半導体までフルラインでそろえた「総合電機」が日立製作所、東芝、三菱電機の3社。これにパナソニック、ソニー、シャープ、富士通、NECを加えた8社を電機大手と呼んできましたが、各社の事業構成はここ十数年で大きく変わりました。

　典型的なのが日立製作所です。リーマン危機の影響で2009年3月期、当時の日本の製造業として最悪の最終赤字を計上しましたが、そこから事業の選択と集中により、業績の「V字回復」を果たしました。

　日立はかつて「GDP企業」とも呼ばれ、多くのグループ会社を持つことが特徴でしたが、一連の事業再編の結果、09年に22社あった上場子会社は23年3月期までで売却を完了しました。日立の事業は図表2-21のように

図表 2-21

日立製作所の売上高構成（2023年3月期）

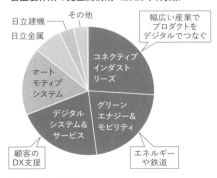

ソニーグループの売上高構成（2023年3月期）

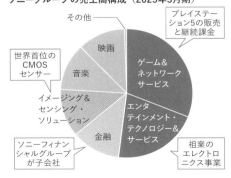

（資料）各社決算資料

分かれますが、主力はデジタル技術を活用した3つのセグメントで、顧客と事業を「協創」するデジタル基盤と位置付ける「ルマーダ」が3事業を貫く「横串」の役割を果たします。上場子会社だった旧日立金属（現プロテリアル）、日立建機は23年3月期中に売却し、自動車部品の子会社だった日立Astemoの株式も一部をホンダに売却し出資比率を引き下げました。

　もう1つの典型がソニーグループです。祖業はエレクトロニクス部門ですが、同社もリーマン危機後にパソコン事業の売却やテレビ事業の分社化などを実施しました。事業構成は図表の通りゲームや映画、音楽などエンターテインメント事業のほか、半導体事業やテレビやカメラなどのエレクトロニクス事業（部門の名称はエンタテインメント・テクノロジー＆サービス）も展開する複合企業になっています。

　ソニーは22年3月期に国内製造業でトヨタ自動車に次ぎ2社目となる営業利益1兆円超えを実現しました。家庭用ゲーム機「プレイステーション」のソフトや音楽も含め、継続的な課金収入で稼ぐ「リカーリング」ビジネスが軌道に乗っています。スマホカメラや自動運転向けの需要が伸びる画像センサー、CMOS（相補性金属酸化膜半導体）センサーで世界トップシェアを握っており、同センサー向けのロジック半導体を生産する工場を世界最大の半導体生産受託会社である台湾積体電路製造（TSMC）と共同で熊本県に新設。さらにホンダと組んで電気自動車（EV）に参入するなど、今後の成長の種となる事業への投資も積極的です。

　家電などBtoC（消費者向けビジネス）の割合が大きかったパナソニックもプラズマテレビなど赤字事業からの撤退を進めた企業です。同社は22年4月に持株会社制へ移行、社名をパナソニックホールディングスに変更して8つの事業会社に再編しました。

　総合電機の一角だった東芝もリーマン危機後に事業再編を進めたものの、新たな事業の柱に据えたエネルギー部門で買収した米国の原子力企業、ウエスチングハウスが巨額の損失を出してつまずきました。投資ファンドの日本産業パートナーズ（JIP）が半導体部門でローム、車載電池でスズキなどと組み同社を買収し、23年12月に株式を非公開化して再建を目指しています。

半導体

- 微細化技術で先行するファウンドリー・TSMCが力
- AIでエヌビディア急成長、ロジック半導体が主戦場に
- 製造装置では東京エレクトロンなど日本勢が存在感

　半導体は1990年ごろは日本の電機メーカー各社が世界シェアの過半を占めていましたが、現在は韓国のサムスン電子、米インテルとクアルコム、韓国のSKハイニックスが出荷額の上位4社です。クアルコムや、生成AI（人工知能）で急成長する画像処理半導体（GPU）の米エヌビディアなどは設計に特化したファブレス企業で、各社から製造を受託するファウンドリーの代表格が台湾積体電路製造（TSMC）です。同社は世界の株式時価総額でも10位台前半（2023年末時点）と、半導体業界では初めて1兆ドルを超えたエヌビディアに次ぎます。

　TSMCは半導体の能力を左右する微細化技術で先行しており、インテルやサムスン電子もファウンドリー事業に進出しました。スーパーコンピューターや高度なAIのCPU（中央処理演算装置）に使う次世代のロジック

図表 2-22

半導体・半導体製造装置の主な企業

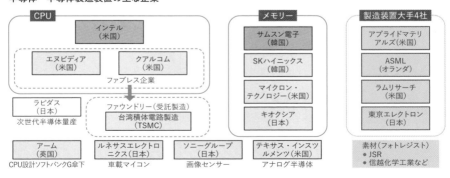

（演算）半導体の量産技術を持つのはTSMCとサムスン電子、やや遅れてインテルで、日本勢は大きく水をあけられています。

この次世代半導体の国産化を目指す新会社Rapidus（ラピダス＝ラテン語で「速い」の意味）が22年、トヨタ自動車、NTT、ソニーグループ、NEC、ソフトバンク、デンソー、キオクシア、三菱UFJ銀行の8社が出資して発足しました。北海道千歳市に建設する工場で、27年に回路線幅2ナノ（ナノは10億分の1）メートルの製品の量産を目指します。

この新会社には政府も700億円の補助金を出します。米IBMも技術供与します。背景にあるのは米中対立で、現在、世界に供給される10ナノ未満の先端品の9割は台湾で生産されているといわれ、「台湾有事」の際に日本がこれまで通り半導体を確保できなくなる可能性が高くなります。米国も事情は同じで、日米は次世代半導体分野の研究開発で合意して研究を始めることになっており、ラピダスはその研究成果を量産につなげる役割を担います。なお、日本で稼働するロジック半導体の製造ラインは現在、最新でも40ナノ品で、熊本県菊陽町に誘致し24年から量産を始める予定のTSMCの子会社、ソニーグループとデンソーも出資するJASMの工場では自動運転やセンサー向けの12〜28ナノ品の製造を計画しています。

半導体・半導体製造装置にかかわる主な企業を図表2-22に示しました。日本企業では東芝傘下だったキオクシアがNAND型フラッシュメモリー、ルネサスエレクトロニクスが自動車向けなどのマイコンで世界の一角に食い込んでいます。

日本勢が比較的強いのは半導体製造装置の分野です。東京エレクトロンが世界シェアで4位。前工程で使うフォトレジスト（感光材）はJSR、信越化学工業などが高いシェアを持ち、露光ではニコンやキヤノン、洗浄装置ではSCREENホールディングス、検査装置ではアドバンテストなどが有力企業です。

このほかスマホなどのCPUに使う半導体の「設計図」を手掛けるのが、ソフトバンクグループが2016年に買収した英アームです。同社は23年9月、米ナスダック市場に株式を上場しました。

電子部品・精密機器

- 成長の柱はスマホからEV、「3大要素」に不可欠な電子部品
- 脚光浴びるパワー半導体、ロームは東芝の買収に参画
- キヤノンと富士フイルムは医療・ヘルスケアに多角化加速

　電子部品は、電子機器に搭載されるコンデンサーやコイル、スイッチなどの部品の総称です。日本メーカーが世界シェアの約4割を占めます。いずれも京都に本社を置く京セラ、ニデック（2023年4月に日本電産から社名変更）、村田製作所、オムロン、ロームの5社のほか、TDK、日東電工などが主なメーカーです。

　各社の成長を支えたのは高機能化が進むスマートフォンですが、その成長には陰りが見え、特にアップルのiPhoneの売れ行きに業績が左右されがちでした。スマホに代わって需要が急拡大してきたのが、EVシフトや自動運転化、コネクテッド化が進む自動車向けです。特に積層セラミックコンデンサー（MLCC）は、5Gなど高機能スマホだけでなく、自動車の電動化にも不可欠な部品であり、主力メーカーである村田製作所、太陽誘電な

図表 2-23

電子部品の主な企業と電気自動車（EV）

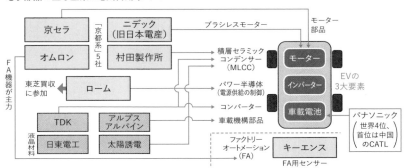

どの好業績を支えています。

EVを動かすのに不可欠なのは電池、インバーター（変換装置）、そしてモーターの3要素です。モーター世界大手のニデックは、モーターとインバーター、減速機で構成する「イーアクスル」の量産を始めました。EVが急速に普及する中国と欧州に工場を構え、30年度に売上高10兆円を目指す同社の成長の鍵を握る事業となっています。

電池からモーターへ電力を供給する際に使うインバーターなど電動車の電力制御に欠かせないのがパワー半導体です。ロームは省エネ性能に優れる炭化ケイ素（SiC）製パワー半導体に注力し、EVに強いのが特徴です。同社は投資ファンドの日本産業パートナーズ（JIP）による東芝の買収に参画し、3000億円を拠出しました。東芝は主に産業機械向けですがパワー半導体で日本メーカーでは三菱電機に次ぐシェアを持っています。

電子部品業界の主な企業とEVとのかかわりを図表2-23に示しました。京セラは幅広い産業とかかわるセラミック部品、オムロンはファクトリーオートメーション（FA）システムに欠かせない制御機器が主力です。FAの分野ではFA用センサーを手掛けるキーエンスが高付加価値・高収益企業として知られます。

日本勢のシェアが高い精密機器の業界についても解説します。代表的な製品であるデジタルカメラではキヤノン、ニコン、富士フイルムホールディングスなど、複写機や複合機ではキヤノンに次ぎリコー、コニカミノルタ、富士フイルムなど日本勢が世界シェアをほぼ独占しますが、それぞれいわゆる成熟市場です。成長を求めて各社が共通して参入している事業が医療・ヘルスケアです。

東芝の医療機器事業を買収したキヤノンは、コンピューター断層撮影装置（CT）や磁気共鳴画像装置（MRI）などに注力し、治療機器や再生医療への進出にも意欲的です。新規事業の割合を25年12月期に約4割に引き上げることを目標にしています。

再生医療にいち早く進出したのが富士フイルムです。iPS細胞（induced Pluripotent Stem cell＝人工多能性幹細胞）の培養・販売などを担う米企業などを相次ぎ買収し、実用化に取り組んでいます。

通信・ネットビジネス

- 通信事業は頭打ち、キャリア各社は「非通信」拡大急ぐ
- NTTはグループ再編、法人強化と次世代通信IWON注力
- ヤフー・LINE統合、3社合併のLINEヤフーが発足

　スマートフォンは生活に欠かせない道具であり、ネットビジネスの入り口です。その基盤となる通信サービスを提供する各社は急成長しました。高速通信規格「5G」も2022年から本格的な普及期に入りました。第1章入門解説の上場企業の営業利益額ランキングで大手3社がいずれも上位に入ったように、利益率の高い業界でもあります。

　大手3社は携帯電話の「通信キャリア」と呼ばれます。自社の設備で音声やデータを「運ぶ」という意味です。長らく3社独占の体制が続いてきましたが、20年4月に楽天グループが「第4のキャリア」として参入しサービスを開始しました。

　同社の参入は、日本の携帯電話料金は国際的に見て割高だとして総務省がキャリア間の乗り換え競争などを促してきた「官製値下げ」と呼ばれる

図表 2-24

通信キャリア各社を巡る関係

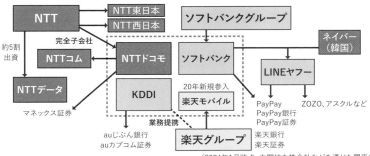

（2024年1月時点、中間持ち株会社などを通じた関係は省略）

流れに沿っています。これによりNTTドコモの「アハモ」など各社が割安な料金プランを開始して値下げ競争が活発化し、各社の個人向け通信の収入は減少しました。

　人口減少の中で通信事業は頭打ちになる一方で、電子商取引（EC）などの市場は急拡大しているため、各社とも「非通信」の売り上げ拡大に努めています。ソフトバンク傘下のZホールディングスが衣料品ECサイトのZOZOを買収し子会社化したり、KDDIが完全子会社のauフィナンシャルホールディングスを通じて銀行など金融業務を手掛けたり、コンビニエンスストアのローソンと資本業務提携したりしてきたのはその流れです。

　最大手のNTTドコモはその流れに遅れ、シェアは首位ながらも営業利益で20年3月期、3番手に後退しました。NTTは20年末、それまで66%出資だった上場子会社・NTTドコモに約4兆2500億円という当時過去最大の国内企業へのTOB（株式公開買い付け）を実施し完全子会社化しました。また、22年にはNTT本体が100%出資していた長距離通信のNTTコミュニケーションズ（NTTコム）、システム開発のNTTコムウェアをドコモの子会社にするグループ再編を実施しました。法人向け事業の強化が目的です。個人向けではグループに銀行や証券会社がないのが課題でしたが、23年10月にマネックス証券をドコモの子会社にしました。

　NTTグループは次世代通信規格「6G」をにらんだ国際競争への備えも課題としており、消費電力を大幅に減らす独自の光技術を使う次世代通信基盤「IOWN（アイオン）」など次世代技術の開発にも取り組んでいます。

　ネットビジネスでは、ソフトバンクグループのZホールディングス傘下のヤフーと、無料通話アプリを運営し幅広いサービスを展開するLINEが21年に経営統合しました。当初はZホールディングスにヤフーとLINEがぶら下がる形でしたが、23年10月、より統合効果を上げるためにこの3社が合併し、「LINEヤフー」が発足しました。

　最近、市場が急拡大したのが動画定額配信です。最近の日本国内シェアでは「ネットフリックス」が首位、「アマゾンプライム・ビデオ」と日本勢でUSEN-NEXT HOLDINGSの「U-NEXT」が同社に次ぎます。U-NEXTは23年3月、「Paravi」の運営会社と経営統合しました。

金融

- ●「金利復活」も、従来のビジネスモデルから転換の動き
- ● 地銀、子会社での異業種参入で持株会社設立相次ぐ
- ● 証券は新 NISA 対応、生保は「本業外」の事業開拓

　銀行は預金を貸し出したり運用したりすることで、事業会社の売上高に
あたる経常収益を上げます。事業会社の営業利益にあたる「本業で稼いだ
利益」を業務純益といいます。その業務純益を左右するのが、預金と貸出
金の利ザヤです。銀行経営を圧迫してきたマイナス金利政策は転換の兆し
が見え始め、「金利復活」とも呼ばれる経営環境に差し掛かっていますが、
従来のビジネスモデルからは大きな転換を迫られています。

　業界の全体像を整理しておくと、まずメガバンクとして三菱 UFJ フィナ
ンシャル・グループ（FG）、三井住友 FG、みずほ FG の 3 つがあります。
りそなホールディングス（HD）、三井住友トラスト HD を加え大手銀行 5
グループと呼びます。さらに地方銀行、旧相互銀行を前身とする第二地方
銀行が合わせて約 100 行。旧長期信用銀行をそれぞれ前身とした SBI 新生

図表 2-25

貸出約定金利の推移（新規総合）

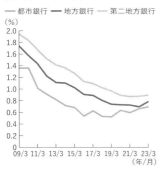

大手銀行5グループ

（資料）日銀

銀行、あおぞら銀行のほか、流通業界から参入したセブン銀行、イオン銀行などがあります。信用金庫、信用組合、農業協同組合のJAバンクなどの協同組織金融機関のほか、2015年に株式を上場した、ゆうちょ銀行の貯金量は日本最大の200兆円に迫ります。

3メガバンクは2000年代にかつて20行以上あった都市銀行、信託銀行、長期信用銀行が統合して生まれました。収益構造は当時と大きく変わり、国内の「銀行」で稼ぐ分より、傘下の証券会社、信託銀行と、海外で稼ぐ利益が大きくなっています。デジタル化に伴い国内業務の合理化を進めており、三菱UFJは17年度に約500だった店舗数を23年度末に約320店舗に減らす計画です。三井住友は25年度までに全店舗の6割を軽量（小型）の新型店にする計画で、23年に始めたスマートフォン上の総合金融サービス「オリーブ」を取引の起点とし、店舗はその補助に位置付けます。

アジアを軸に海外業務の拡大も目立ちます。三菱UFJは22年、米国で中小企業・個人向け業務を手掛けてきたMUFGユニオンバンクを米最大手地銀に売却して米国では大企業取引に特化する一方、東南アジアでは中小企業・個人向けを強化し、シンガポールに本社を置く配車アプリのグラブにも出資しています。三井住友は米国では中堅証券会社ジェフリーズ・ファイナンシャル・グループと資本提携する一方、アジアの金融機関への出資も積極的に進めています。

地方銀行・第二地方銀行は超低利に加え、人口減少の影響を大きく受けています。また、第二地方銀行は1990年度末の68行から30年でほぼ半減しましたが、地方銀行は20年の長崎県の十八銀行と親和銀行の合併、21年の新潟県の第四銀行と北越銀行の合併で62行になるまで30年間、全国64行体制が続きました。その中で統合や再編を後押しする機運が盛り上がり、同一県内の銀行の合併でシェアが高くなっても独占禁止法の適用除外とする特例法が20年から施行。22年秋に合意した長野県の八十二銀行と長野銀行の経営統合は23年6月にスピード実現しています。

地方銀行を巡るもう1つ重要な動きが、従来の金融の枠を超えたビジネスの展開に道が開かれたことです。21年に施行された改正銀行法で、広告、人材派遣などへの参入が解禁されたほか、金融庁から認可を受ければ

事実上制限なく幅広い事業を営む子会社を持てるようになりました。これを受けて様々な事業を営む子会社を傘下に置く持株会社化する動きが目立っています。預貸を軸にした従来業務から、地域密着を生かして非金融部門でも稼ぐビジネスモデルへの転換が進みそうです。

　最後に証券業界と保険業界を概観します。証券業界は専業の2社と3メガバンク傘下の3社を大手5社、2社を準大手と呼びます。個人向けのリテールと法人向けのホールセールの業務があります。リテールでは2024年度から始まる新しい少額投資非課税制度（新NISA）が、家計の金融資産が貯蓄から投資に向かう動きを後押しします。

　生命保険は保険料を国債や株式、外債などで運用します。国内では低金利の長期化で運用が難しい局面が続きました。日本生命をトップに大手4社があり、第一生命は大手で唯一、株式を上場しています。人口減少を受けて本業以外の事業開拓が課題になっており、日本生命は23年11月、介護最大手のニチイ学館を傘下に持つニチイHDを約2100億円で買収すると発表しました。

　損害保険は業界全体では収入保険料の5割近くを自動車保険が占めますが、大手3社は自動車の比率が3割程度で、海外事業を拡大。最大手の東京海上HDでは15年に75億ドル（当時のレートで約9000億円）で買収した米保険会社HCCなど海外事業の収入が約4割になっています。

図表 2-26 ───────────────────────────

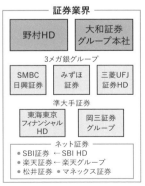
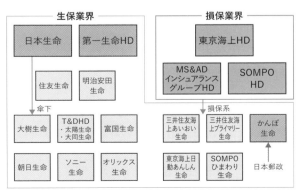

小売り

- スーパーはPB堅調、コンビニは6万店前に成長頭打ち
- ドラッグストアは出店増続く、百貨店はOMO施策を模索
- 成長の余地は海外、セブンとファストリの拡大目立つ

　金融と同様、小売業も長期的に人口減少による市場縮小に直面しています。図表2-27に電子商取引（EC）の市場規模も参考に加えた主な業態の売上高の推移を示しました。

　スーパーの売上高が2019年から20年にかけて伸びたのは新型コロナウイルス感染拡大の影響です。食品以外の商品も幅広く販売する総合スーパー（GMS）を主に郊外ショッピングセンターに全国展開するイオン、セブン＆アイ・ホールディングス傘下のイトーヨーカ堂が2強ですが、GMSは

図表 2-27

業態別の売上高の推移

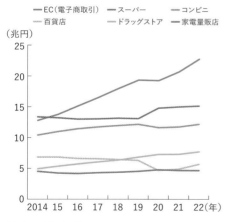

（資料）経済産業省「商業動態統計」、ECは経済産業省推計の消費者向け市場規模

日本の小売業の上位15社 （2022年度）

順位	社名	（億円）
1	セブン＆アイ・ホールディングス	118,113
2	イオン	91,168
3	アマゾンジャパン	32,051
4	ファーストリテイリング	23,011
5	パン・パシフィック・インターナショナルホールディングス	18,312
6	ヤマダホールディングス	16,005
7	ローソン	10,003
8	マツキヨ＆ココカラカンパニー	9,512
9	ツルハホールディングス	9,157
10	ビックカメラ	7,923
11	ヨドバシカメラ	7,784
12	ライフコーポレーション	7,654
13	バローホールディングス	7,599
14	コスモス薬品	7,554
15	ケーズホールディングス	7,373

＊上記のほかニトリホールディングスは決算期変更で22年度は13カ月決算、売上高9,480億円
（資料）2023年7月19日付日経MJ、22年5月〜23年4月に期末を迎えた各社決算

それぞれ専門店に押され、イトーヨーカ堂は不採算店の閉店を進めています。売上高ランキングを見るとセブン＆アイがイオンを引き離していますが、これは後述する海外コンビニエンスストア事業の拡大によります。

　一方で食品中心のスーパーは伸びています。売上高ランキングで12位に入るライフコーポレーションには三菱商事が2割超を出資、ネットスーパー事業でアマゾンジャパンと提携しています。スーパー各社が企画しメーカーに製造を委託、自社ブランドで売るプライベートブランド（PB）商品は好調で、商品開発力・調達力がある大手の強みになっています。

　コンビニは国内総店舗数が6万店に迫ったところで新規出店による成長が頭打ちになりました。ファミリーマートは伊藤忠商事の完全子会社。ローソンは三菱商事が50.1%出資する子会社ですが、24年4月にKDDIが株式公開買い付け（TOB）を実施し50%を保有、三菱商事、KDDIの共同経営になる（ローソンは上場廃止し両社の持ち分法適用会社に）予定です。

　コンビニに続くドラッグストアはなお新規出店による成長が続いています。業界首位はイオンの子会社のためランキング表にありませんがウエルシアホールディングスが売上高1兆円を超え、マツモトキヨシホールディングスとココカラファインが経営統合したマツキヨココカラ＆カンパニー、北海道発祥のツルハホールディングスが続きます。14位のコスモス薬品は九州発祥で、地方発企業が目立つ業態です。

　売上高でドラッグストアに抜かれた百貨店はコロナ禍で来店客が一段と落ち込んだものの、富裕層向けの高額商品は堅調でした。23年はインバウンド（訪日外国人）消費も戻り上向きましたが、長期低落傾向は続きます。各社ともネット販売と実店舗の連動や、D2C（ダイレクト・ツー・コンシューマー）企業のショールーム的な「売らない店」の誘致など、OMO（オンラインとオフラインの融合）の取り組みが目立っています。

　売上高で百貨店に続くのが家電量販店です。百貨店との対比で象徴的なのが、セブン＆アイ・ホールディングスの百貨店子会社そごう・西武の米投資ファンドのフォートレス・インベストメント・グループへの売却です。ヨドバシホールディングスがそごう・西武の一部店舗の不動産を取得して出店する計画ですが、売却後の売り場構成や雇用確保などでそごう・西武

の労働組合が反発し23年8月、西武池袋本店で、大手百貨店では60年ぶりのストライキを実施しました。

セブン＆アイが百貨店のそごう・西武を手放したのは、コンビニ、スーパーから百貨店までそろえる複合企業（コングロマリット）経営の中で、スーパー、百貨店の不振が目立っていることが背景です。

セブン＆アイは21年に米コンビニ大手を2兆円で買収し、売上高に占める海外コンビニ事業の割合は図表2-28のように約4分の3になっています。一方でスーパーのイトーヨーカ堂や百貨店事業が収益の足を引っ張っていることから株価は低迷しており、物言う株主（アクティビスト）として知られる米投資ファンドが同社にコンビニ事業への集中を求める圧力をかけてきました。セブン＆アイはPB（セブンプレミアム）の開発力があるスーパー事業はコンビニと切り離せないとしていますが、成長の余地は海外にあり、23年10月にはオーストラリアの「セブンイレブン」ブランドの店舗を運営する企業を買収しています。

衣料品の「ユニクロ」「ジーユー」を展開するファーストリテイリングも海外展開を強めています。同社の23年度（24年8月期）の売上高が3兆円の大台に乗ると発表した23年10月の決算発表で柳井正会長兼社長は海外事業を一段と拡大することで「10年後に10兆円企業を目指す」と表明し、注目を集めました。

図表 2-28 ──────────────

売上高に占める海外事業

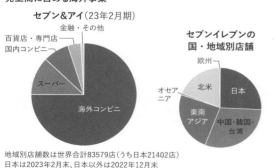

セブン＆アイ（23年2月期）

金融・その他
百貨店・専門店
国内コンビニ
スーパー
海外コンビニ

セブンイレブンの
国・地域別店舗

欧州
北米
オセアニア
東南アジア
中国・韓国・台湾
日本

地域別店舗数は世界合計83579店（うち日本21402店）
日本は2023年2月末、日本以外は2022年12月末

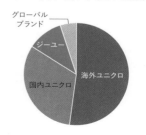

ファーストリテイリング（23年8月期）

グローバルブランド
ジーユー
国内ユニクロ
海外ユニクロ

（資料）各社決算資料

総合商社

- 内外事業への投資、各社とも非資源比率の向上急ぐ
- 資源ビジネスは脱炭素、三菱商事は洋上風力で強み
- 伊藤忠は生活関連、三井物産はアジアのヘルスケアも

　業界別に整理してきた最後に、総合商社について解説します。総合商社業界は三菱商事、三井物産、住友商事のいわゆる旧財閥系3社に、伊藤忠商事、丸紅を加えて大手5社。さらにトヨタ自動車系の豊田通商と、双日を加えて大手7社と呼びます。

　大手商社というとかつては貿易を主に扱うイメージでしたが、最近は川上から川下まで国内外の多くの事業への投資で収益を上げる「投資会社」の要素が強まっています。海外にはない日本独特の業態です。2020年に著名投資家ウォーレン・バフェット氏が率いる米投資会社バークシャー・ハザウェイがその成長性を評価して大手5社の株式を5％ずつ取得、23年にも買い増す動きがあり、各社の株価は上昇しました。

　5大商社の投資先は伝統的に鉄鉱石や石炭、液化天然ガス（LNG）、銅

図表 2-29

5大商社の事業と主なグループ企業

など資源が中心でしたが、資源事業は市況に大きく左右されます。資源価格が軒並み上昇した21〜22年は資源部門の収益が拡大しましたが、資源価格が大幅に下落した15〜16年には、最大手の三菱商事も最終損益が赤字に転落したことがありました。「脱炭素」の大きな流れもあり、各社とも再生可能エネルギーへの投資に大きく舵を切りつつあります。

三菱商事は20年、オランダで電力小売りや洋上風力発電のノウハウを持つエネコ社を中部電力と組み約5000億円で買収しました。そのノウハウは21年に日本で実施された洋上風力の促進地域を巡る事業権入札で対象3海域すべてを落札したことなどに生かされています。欧州と日本で米アマゾン・ドット・コムに再生エネ電力を供給するなどの事業も展開しています。電力事業に強い丸紅は火力発電を中心に20カ国以上で独立系発電事業者（IPP）としての実績を積み上げてきましたが、石炭火力事業からの撤退を速める一方、アラブ首長国連邦（UAE）の太陽光発電に参画するなど脱炭素対応を急いでいます。

非資源事業をポイントに各社の特徴を見ると、伊藤忠商事は資源ビジネスの割合が低く、完全子会社化したファミリーマートなど生活関連消費で稼ぐ事業構造が目立ちます。成長が見込めるスポーツ分野で大手デサントへの出資比率を引き上げたほか、米ブランド「アンダーアーマー」の日本総代理店の運営会社を買収。このほか情報技術（IT）部門の上場子会社だった伊藤忠テクノソリューションズも23年に完全子会社化しました。

三菱商事はローソンのほか、食品卸首位の三菱食品を傘下に置きます。三井物産では傘下の三井食品などが合併し、24年4月に三井物産流通グループが発足します。

三井物産はアジア最大級の病院グループ、IHHヘルスケア（マレーシア）に出資し約33％の株式を持つ筆頭株主になるなど、アジアのヘルスケア事業にも重点を置いています。住友商事も通信や機械など非資源分野で稼ぐ比率を高めています。

総合商社は時代に応じて扱う商品や投資先を変えてきました。今後も脱炭素が課題となるエネルギー・発電、DX、医療など、日本経済・産業界が共通の課題とする分野への投資が増えると見られています。

企業買収の用語

- 上場会社の買収にはTOB、プレミアム付け株を買い集め
- 目的は多様、同意ない買収やグループ会社再編に活用も
- 株式非公開化目的が増える、東芝2兆円TOBも成立

　これまでの業界別解説では企業買収の事例がいくつか登場しました。上場企業の買収に使う仕組みが株式公開買い付け（TOB）です。株を買い付ける目的は出資比率引き上げ・子会社化・グループ再編など様々ですが、買付者は株主に対して買付価格（市場価格より高いプレミアムを付けます）や期間を示してTOBを実施します。仕組みを図表2-30に示しました。

　TOBには買収先企業の同意を得ない買収もあります。その場合、被買収企業は反対を表明し株主に働きかけたり買収防衛策を講じたりしますが、途中で賛成に転じるケースもあります。経営陣が参加した買収（MBO）にも活用されます。最近目立つのが経営の自由度を上げるための株式非公開化への活用で、2023年12月には投資ファンドなど国内連合による東芝への2兆円規模のTOBが成立しました。

図表 2-30

TOBの仕組み

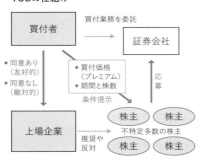

- TOB（TakeOverBid）＝株式公開買い付け　● MBO（Managementbuyout）＝経営陣が参加する買収

最近のTOBの事例と目的・結果

買付者→対象企業	目的・結果
伊藤忠商事→デサント	19年	出資比率引き上げ（3割→4割、同意なし）
Zホールディングス→ZOZO	19年	買収（連結子会社化・上場維持）
NTT→NTTドコモ	20年	グループ再編（完全子会社化）
ニトリHD→島忠	20年	買収（完全子会社化。当初は同意なし）
ニチイ学館（MBO）	20年	非公開化
SBIHD→新生銀行	21年	買収（完全子会社化。当初は同意なく一時は防衛策）
産業革新投資機構→JSR	22年	政府系ファンド傘下で半導体産業育成（非公開化）

Q 21
個人消費の割合が大きい米国経済の構造から、貿易赤字の拡大は国内景気の（ A ）を反映し、雇用統計での非農業部門雇用者数の前月比大幅増は物価の（ B ）につながる。それぞれに当てはまるのはどれか。

❶ A＝拡大　　　B＝下落

❷ A＝減速　　　B＝上昇

❸ A＝拡大　　　B＝上昇

❹ A＝減速　　　B＝下落

Q 22
米国の民主党と共和党で共通する最近の経済政策の方向性はどれか。

❶ ESG（環境・社会・企業統治）投資

❷ 保護主義的な通商政策

❸ 財政赤字の削減

❹ シェールガス・オイルの開発

入門解説の最初に取り上げた米国経済の知識の復習です。国内総生産（GDP）に占める個人消費の割合が大きく、輸入が常に輸出を大きく上回っている米国の貿易収支における赤字の拡大は、活発な個人消費による景気拡大を反映していると考えられます。雇用統計については人手不足が賃金上昇につながりやすい米国経済の特徴から、雇用者数が大幅に増えれば消費者物価の上昇につながります。

「非農業部門雇用者」とは要するに「毎月給与をもらっている人」で、米国の雇用統計では約40万社の給与支払い帳簿（従業員ベースで5000万人弱をカバー）から、その月に新たに雇用された就業者の人数を発表しています。聞き取り調査である失業率よりも実態を早く反映するため金融政策の決定で重視され、金融市場でも注目を集めます。

「リベラル・大きな政府」の民主党、「保守・小さな政府」の共和党が両党の基本的な姿勢です。財政赤字に関しては民主党は増税で削減、共和党は歳出削減です。シェールガス・オイルに関しては気候変動対策を重視する民主党に対し、共和党のトランプ前大統領は投資を増やすと表明しています。ESGでは2023年、共和党が優勢な州がESG要素を投資に組み込まないことを求める「反ESG法」を可決する動きが目立ちました。

程度の差はあれ共通するのは、「米国の（労働者の）利益第一」が基本姿勢である保護主義的な通商政策です。ラストベルト（さびた工業地帯）と呼ばれるペンシルベニア、ミシガンなど選挙のたびに勝利政党が変わるスイングステート（揺れる州）が24年11月の大統領選の勝敗の鍵を握っていることも背景です。

Q 23 ゼロコロナ政策を解除し正常化に向かった2023年の中国経済について、正しい記述はどれか。

❶ 春の全国人民代表大会で経済成長率の目標を8%に引き上げた。

❷ 人手不足により20代前半までの若年層の失業率が改善した。

❸ 不動産市況が低迷から脱し、開発投資はプラスに転じた。

❹ 国有企業が民間企業を圧迫する「国進民退」現象が指摘された。

Q 24 以下の中国のテック企業の中で、2024年に自社ブランドの電気自動車（EV）を生産する形で自動車市場に参入すると発表した企業はどれか。

❶ 小米（シャオミ）

❷ 滴滴出行（ディディ）

❸ 騰訊控股（テンセント）

❹ 華為電子（ファーウェイ）

　中国は毎年春の全国人民代表大会（全人代）でその年の経済成長率目標を発表しますが、2023年は5％と前年目標を0.5％引き下げました。若年失業率（16〜25歳）は6月で約21％と3カ月連続最高となり、7月以降は若年失業率を発表していません。関連産業も含めれば国内総生産（GDP）の3割を占めるといわれる不動産業の低迷は続き、不動産開発投資は1〜9月で前年比1割近く減りました。

　最近の中国の経済成長を支えてきた民間企業については、前年22年の利益が初めて減少に転じたことが明らかになる一方、国有企業はやや増益となるなど国有企業が民間企業の活動を圧迫する「国進民退」が指摘されました。政府による規制・締め付けにより民間企業が採用に慎重になっていることも、若年失業の背景と見られています。

　中国のテック企業ではテンセントが蔚来汽車（NIO）に出資するなど多くの企業がEVや自動運転ビジネスの分野に参入していますが、自社ブランドのEVを2024年から生産すると発表したのはスマートフォン大手の小米です。最高経営責任者（CEO）の雷軍氏が21年に参入を宣言、自らがトップとなりEVを手掛ける小米汽車を立ち上げていました。23年12月、中大型セダン「シャオミSU7」を披露し、「15〜20年かけて世界トップクラスの自動車メーカーになる」という目標を示しました。

　なお華為技術はソフトウエア開発や供給の形で大手自動車メーカーと組んでいます。選択肢にない検索大手の百度は民営自動車大手の浙江吉利控股集団と共同でEVを開発するほか自動運転タクシーのサービスも展開。ライドシェアの滴滴出行も自動運転車の開発を手掛けてます。

Q 25

東南アジア諸国連合（ASEAN）の人口上位4カ国について、国民の年齢（中位年齢）が若い順に並んでいるのはどれか。国連推計による2021年時点。

❶ インドネシア、フィリピン、ベトナム、タイ

❷ フィリピン、インドネシア、タイ、ベトナム

❸ インドネシア、フィリピン、タイ、ベトナム

❹ フィリピン、インドネシア、ベトナム、タイ

Q 26

インド経済について、間違っている記述はどれか。

❶ 東アジアの地域的な包括的経済連携（RCEP）の加盟国である。

❷ 携帯電話の契約数は中国に次ぎ世界2位である。

❸ 新車の販売台数で日本を上回り世界3位になった。

❹ ユニコーン（企業価値10億ドル以上の未上場企業）数は米中に次ぐ。

　中位年齢とは人口を年齢順に並べたときの中央にあたり、その年齢以下または以上が人口の半分です。最も高いタイは39.3歳とASEANではシンガポール（41.8歳）に次ぎます。同国の人口に占める65歳以上の割合は14％と世界銀行が「高齢社会」に分類する水準に達し、急速な高齢化が懸念され始めた国です。

　ベトナムはやや高く32.0歳、インドネシアは29.4歳、フィリピンが最も若く24.5歳です。同国の中位年齢は総人口が世界一になったインドより若く、人口に占める生産年齢人口比率の上昇（人口ボーナス）が2060年ごろまで続く見通しです。

国民の中位年齢 (2021年、歳)

フィリピン	24.5
インドネシア	29.4
ベトナム	32.0
タイ	39.3
インド	27.6
日本	48.4

（資料）国連

　総人口が中国を抜き、国内総生産（GDP）の規模も数年内に世界3位になる見通しのインドでは、携帯電話の契約数は既に10億台を大きく上回っており中国に次ぐ2位、新車販売台数も2022年に日本を抜きました。ユニコーンの数は米国の調査会社CBインサイツによる23年10月時点で米国の652社、中国の173社に次ぎ71社と世界3位で、4位の英国（53社）を上回っています。日本のユニコーンの数は5社程度です。

　以上のように急速に経済発展するインドですが、人口の半分は零細農家です。日中韓とASEAN10カ国、オーストラリア、ニュージーランドの15カ国で21年に発足したRCEPの交渉には参加していましたが、関税引き下げにより割安な乳製品が流入する恐れがあるなどとする国内の反発も背景に、19年に離脱しました。

Q 27 欧州連合（EU）について、正しい説明はどれか。

❶ EU大統領が行政のトップである。

❷ 域内の金融政策と財政政策を統合している。

❸ EUの「規則」が加盟各国の国内法に優先する。

❹ すべての国が北大西洋条約機構（NATO）に加盟する。

Q 28 米国が提唱し2022年に発足したインド太平洋経済枠組み（IPEF）について、正しい説明はどれか。

❶ 環太平洋経済連携協定（TPP）並みの関税引き下げを目標にした。

❷ 中国にも参加を呼びかけた。

❸ 環境保護や人権に関する分野は対象外にした。

❹ 半導体などの供給網構築での連携を柱の1つにした。

　EUの仕組みは入門解説の図表2-9に示しました。政治的な最高意思決定機関は欧州理事会、そのトップが大統領ですが、行政は「欧州委員会」が担当し、そのトップの欧州委員長が最も強い権限を持っています。行政機能の中で各国に最も影響力が大きいのがEU法に基づき出される規則（Regulation）です。加盟各国の国内法に優先する直接的な効力を持ちます。それに次ぐ効力を持つのが指令（Directive）で、最近では域内で発売されるスマートフォンの充電の端子を「USBタイプC」に統一する指令を出し、米アップルも新製品の規格を変えたことが話題になりました。

　金融政策は共通通貨ユーロを導入した20カ国では統一していますが、財政は一定のルールを課すものの国ごとに運営。NATO非加盟国も加盟申請中のスウェーデンも含めると5カ国（2024年1月時点）あります。

　IPEFは、世界貿易機関（WTO）のルールに基づくメガFTAであるTPPや東アジアの地域的な包括的経済連携（RCEP）と異なり、関税の引き下げや撤廃を伴わない経済圏構想です。Q22で見たように保護主義的な通商政策をとらざるを得ないバイデン米大統領が提唱し、Q26で見たように国内事情からRCEP交渉を離脱したインドが参加しているのもこのためです。IPEFで交渉する4分野の1つは「貿易」ですが、内容は貿易手続きの統一やデジタル貿易推進です。

　中国の覇権的な経済活動に対抗するのが大きな目的のため、環境や人権でのルールづくりに重点を置き、「クリーン経済」「公正な経済」を交渉項目にしています。半導体など重要物資の在庫情報の共有や増産、共同調達など「供給網」は2022年5月の発足時に最初に合意した項目です。

Q 29 世界の天然ガス生産量シェアで1〜3位の国はどれか。
2022年時点。

❶ 米国、ロシア、イラン

❷ サウジアラビア、アラブ首長国連邦（UAE）、イラン

❸ ロシア、米国、サウジアラビア

❹ オーストラリア、マレーシア、カタール

Q 30 電気自動車（EV）のバッテリーやモーターに使う鉱物と、
その生産量トップの国の組み合わせはどれか。

❶ コバルト ―― チリ

❷ ニッケル ―― インドネシア

❸ リチウム ―― コンゴ民主共和国

❹ ネオジム ―― インド

　入門解説の図表2-16では原油生産量のシェアを見ましたが、温暖化ガスの排出量が少ないため石炭火力からの代替需要も増えている天然ガスについてです。1位はシェールガス生産が伸びた米国、2位は輸出が多いロシアです。欧州はロシアのウクライナ侵攻の前は天然ガスの約4割をロシアに依存していました。埋蔵量がロシアに次ぐイランが中東最大で、選択肢❶が1～3位です。次いで中国、カナダが続きます。オーストラリア、マレーシア、カタールの❹は、日本の液化天然ガス（LNG）輸入先の1～3位国です。

天然ガス生産量シェア
（2022年）

米国	24.2%
ロシア	15.3%
イラン	6.4%
中国	5.5%
カナダ	4.6%
カタール	4.4%
オーストラリア	3.8%

（資料）英エネルギー研究所

　選択肢はそれぞれ重要鉱物で、選択肢❶～❸はリチウムイオン電池に使うレアメタル（希少金属）、❹のネオジムはEVのモーターに不可欠な磁石に使うレアアース（希土類）です。ネオジムを含むレアアースの生産量はかつて中国が採掘シェアの9割を占め、2010年の日中関係悪化時に中国が日本への輸出を一時停止した際には供給不安で価格が10倍以上に高騰したことがあります。その後、米国が自前の鉱山を開発するなどで中国の採掘シェアは7割程度まで低下しましたが、環境への影響が大きい精錬工場は中国にあり、入門解説の図表2-16のように加工で9割を占めます。

　コバルトはコンゴ民主共和国、リチウムはオーストラリアのほかチリが主産地で、選択肢❷のニッケルとインドネシアが正しい組み合わせです。ニッケルではフィリピンがインドネシアに次ぐ生産国です。

Q 31 米電気自動車（EV）メーカー、テスラのビジネスモデルに当てはまるのはどれか。

❶ 設計に特化し製造は外部委託する水平分業

❷ 販売後の自動車のソフトのアップデート

❸ 生産拠点を米国とその友好国に置くフレンドショアリング

❹ テスラ車専用の急速充電網整備によるユーザー囲い込み

Q 32 自動運転で提携関係を結んでいる企業の組み合わせはどれか。2024年1月時点。

❶ トヨタ自動車　　　　　── 米フォード・モーター

❷ 独フォルクスワーゲン ── 中国・BYD

❸ ホンダ　　　　　　　　── 米ゼネラル・モーターズ（GM）

❹ 日産自動車　　　　　　── 欧州・ステランティス

EV時代の自動車産業は従来の垂直統合からスマートフォンのアップル のような水平分業に変わっていくとされますが、テスラは設計・製造・販 売を一貫して行う垂直統合的なビジネスモデルをとるのが特徴です。自社 顧客向けに整備した急速充電網に関しては他社にも開放することで、自社 が開発した規格NACS（North American Charging Standard）を採用する メーカーを広げる戦略をとっています。トヨタ自動車も2023年10月、同 規格の採用を発表しました。中国・上海にも生産工場「上海ギガファクト リー」を置き、同国内のほかアジアや欧州などへの輸出拠点にしています。

販売後の車のソフトのアップデートでは自動運転機能のサブスクリプシ ョン（定額課金）での提供を21年から始めるなど、ソフトウエア定義車両 （SDV）で稼ぐビジネスモデルで先行しています。

自動運転で提携しているのはホンダと米GMです。2023年10月、両社 と自動運転サービスを手掛けるGM子会社の3社で合弁会社を立ち上げ、 26年から東京都内を中心に無人タクシーの運行サービスを始める計画を 発表しました。特定条件下で運転を完全自動化するレベル4に対応します。

レベル4のタクシーやバスは米国や中 国で一般利用が広がっていますが、都 心の公道で実用化すれば日本では初め てです。両社は電気自動車（EV）や燃 料電池車（FCV）の共同開発などでも 提携しています。

自動運転のレベル

レベル5	完全自動運転
レベル4	走行ルートや時間帯など特定条件下で完全自動運転
レベル3	特定条件下で自動運転、困難な場合はドライバーが対応
レベル2	高度な運転支援
レベル1	自動ブレーキなど運転支援

Q 33 電機各社とその事業戦略を象徴する主要な製品・サービスの正しい組み合わせはどれか。

① ソニーグループ ── 電気自動車（EV）向け次世代電池

② 日立製作所 ── 顧客と事業を協創するデジタル基盤

③ 三菱電機 ── スマホの目となる画像センサー

④ パナソニック ── 次世代型FA（工場自動化）機器

Q 34 2023年12月に米USスチールを買収すると発表した日本製鉄が得意とする「電磁鋼板」の主な用途はどれか。

① 風力発電のブレード（羽根）

② 自動車の軽量ボディー

③ 電気自動車（EV）のモーター

④ 燃料電池車の水素タンク

　正しい組み合わせは日立製作所と「顧客と事業を協創するデジタル基盤」です。同社はこれを、illuminate（照らす）とdata（データ）を組み合わせた造語としてLumada（ルマーダ）と呼び、「顧客の持つデータに光を当てて新たな知見を引き出し経営課題の解決や事業の成長に貢献する」と定義しています。あらゆるモノがネットにつながるIoTの基盤として2016年から提供を始めましたが、最近は顧客企業と経営課題を解決する場とし、入門解説の図表2-21で示した3つの主要事業セグメントに共通する事業基盤として展開しています。

　他の選択肢は「スマホの目となる画像センサー」ならソニーグループ、「FA機器」なら三菱電機です。パナソニックは電気自動車（EV）向け電池を成長領域の1つに位置付けています。

　日本製鉄は2023年12月、米鉄鋼大手USスチールを約2兆円で買収すると発表しました。USスチールは1960年代までは世界最大の鉄鋼会社、現在は生産量では世界27位ですが、最先端の電炉や電気自動車（EV）に使う高機能鋼材の製造設備などを持っています。成長市場である米国の脱炭素需要を取り込むのが大きな狙いです。日鉄が高い技術力を持ち増産、USスチールも23年に生産ラインを立ち上げたばかりなのが「無方向性電磁鋼板」で、主な用途はEVのモーターです。買収が成立すると日鉄は粗鋼生産量6000万トンを超え世界3位となります。

鉄鋼各社の粗鋼生産量 (22年、万トン)

宝武鋼鉄集団（中国）	13184
アルセロール・ミタル（ルクセンブルク）	6889
鞍鋼集団（中国）	5565
日本製鉄	4437
江蘇沙鋼集団（中国）	4145

（資料）2023年12月19日付日本経済新聞

Q 35 東芝を買収した企業連合に3000億円を拠出した電子部品のロームが、日本産業パートナーズ（JIP）傘下となった東芝と共同で2024年から生産に乗り出す製品はどれか。

❶ NAND型フラッシュメモリー

❷ パワー半導体

❸ 積層セラミックコンデンサー

❹ ロジック半導体

Q 36 ここ数年の半導体業界では、世界最大手を争う韓国・サムスン電子と米インテルが受託製造の台湾積体電路製造（TSMC）に（　　）競争で後れをとり、挽回を図った。（　　）に最もふさわしい言葉はどれか。

❶ 低コスト化

❷ 量産化

❸ 脱炭素化

❹ 微細化

ロームは電気自動車（EV）シフトで需要が増すパワー半導体を得意としており、国内では同半導体で三菱電機に次ぐシェアを持つ東芝の買収に参画しました。それぞれの新工場で生産を分担、コスト競争力を高める計画です。ロームは電力効率に優れる炭化ケイ素（SiC）を使った最先端パワー半導体を強みとし、米テスラのEVもSiCを使ったパワー半導体を採用しています。選択肢❶のNAND型フラッシュメモリーは旧東芝メモリのキオクシアが高いシェアを持つ長期記憶向けのメモリーです。

半導体の種類と機能・用途

メモリー	データを保存
アナログ	光や音をデジタル信号に変換
パワー	電圧の制御と省エネ
ロジック	データの処理、CPU（中央演算処理装置）

半導体は1つのチップ（シリコン基板）にどれだけ大量の回路を作り込むかで性能が向上するため、回路線幅を細く（微細化）する競争をしてきました。米アップルが2022年に発売したスマホのCPU（中央演算処理装置）にTSMCの回路線幅4ナノ（ナノは10億分の1）メートルのロジック半導体を採用しましたが、後れをとったサムスンとインテルも対抗し、各社は表のようにさらに微細化を進める計画です。日本のラピダスは27年に2ナノ品の生産を目指しています。

各社の半導体微細化量産計画

	23年	24〜25年	27年
TSMC	3ナノ	2	1.4
サムスン電子	3ナノ	2	1.4
インテル	4ナノ	1.8と2	—
ラピダス	—	—	2

（資料）2023年10月30日付日本経済新聞

Q 37 最近の日本の地方銀行の経営に関する記述として、間違っているのはどれか。

❶ 上場する全地銀の株価純資産倍率（PBR）が1倍を割り込んでいる。

❷ 独占禁止法の特例で同一県内1行になる経営統合が進みやすくなった。

❸ クラウドサービス上に基幹システムを構築する銀行が増えている。

❹ 銀行法改正により本業以外の子会社設立などの規制が厳格になった。

Q 38 最近のドラッグストア業界について、正しい記述はどれか。

❶ 食品スーパーやコンビニから顧客を取り込み業績を伸ばした。

❷ 全国の店舗数は2万店を目前に頭打ちになった。

❸ イオン系を除きプライベートブランド商品を発売していない。

❹ 総合商社も加わった業界再編で大きく3陣営に分かれている。

2
実践知識

　PBRに関しては第1章練習問題Q13でも見ました。銀行業全体の平均が1を割り込んでおり、地銀で最も高いふくおかフィナンシャルグループも0.7（2023年末）でした。同一県内1行になる経営統合が進みやすくなったのは入門解説で見た通りです。基幹システムはかつて各行ともメインフレームと呼ばれる巨大コンピューターを中心としたシステムを構築していましたが、横浜銀行など大手を含め、データセンターが不要でコストを削減できるクラウドシステムへ移行する動きが目立ちます。

　間違っているのは選択肢④で、21年に施行された改正銀行法では金融庁から「銀行業高度化等会社」の認可を受ければ、事実上制限なく幅広い事業を営む子会社を持てるようになりました。各行が手掛けるビジネスの対象は、従来の金融の枠を超えて大きく広がりつつあります。

　ドラッグストアについては入門解説で上位各社の顔触れを見ました。店舗数はコンビニエンスストアが6万店に迫ったところで頭打ちになったのに対し、ドラッグストアは毎年500店前後の純増が続き、2022年度で2万2084店舗（日本チェーンドラッグストア協会）になっています。プライベートブランド（PB）商品については例えばイオンが筆頭株主のツルハホールディングスがイオンのPB「トップバリュ」でなく独自のPB「くらしリズム」を展開するなど、各社が取り組んでいます。「総合商社も加わった業界再編で大きく3陣営に分かれている」のはコンビニ業界です。

　ドラッグストアは粗利の高い医薬品で収益を確保し、食品や日用品を安く売るビジネスモデルで成長しました。競合してスーパーが閉店するケースも目立っており、選択肢①が正解です。

Q 39 認知症とがんに経営資源を集中、2023年に米社と共同で開発したアルツハイマー病治療薬を発売した企業はどれか。

① アステラス製薬

② 第一三共

③ 中外製薬

④ エーザイ

Q 40 以下の4社の中で売上高が最も大きい企業はどれか。2023年3月期。

① 三井不動産

② 三菱地所

③ 鹿島

④ 大和ハウス工業

医薬品には医師が処方する医療用医薬品とドラッグストアなどで買える一般用医薬品（OTC＝オーバー・ザ・カウンター＝医薬品）があります。医療用ではメガファーマと呼ばれる欧米企業が圧倒的に大きく、国内首位の武田薬品工業は2019年にアイルランドの製薬会社を買収して上位10社に食い込みました。エーザイは規模は小さいものの経営資源を神経領域とがん領域に集中、米バイオジェンと共同でアルツハイマー病の進行を緩やかにする効果を初めて科学的に証明した薬「レカネマブ」を開発、23年12月に日本でも発売しました。

医薬品大手6社の売上高

武田薬品工業	4兆 274億円
大塚HD	1兆7379億円
アステラス製薬	1兆5186億円
第一三共	1兆2784億円
中外製薬	1兆2599億円
エーザイ	7444億円

23年3月期までの各社直近決算。大塚HDは食品・飲料も含む

Q39に続き、入門解説で取り上げられなかった業界です。住宅、建設、不動産業界の売上高上位2社ずつを表に示しました。大和ハウス工業は住宅メーカーとして創業しましたが、工場・店舗など事業施設の建設や、物流施設開発などデベロッパー事業も伸ばす多角経営で知られます。

建設業界は表の2社に清水建設、大成建設、竹中工務店を加えてスーパーゼネコン、不動産は東急不動産ホールディングス、住友不動産、野村不動産ホールディングスを加えて総合デベロッパー5社と呼びます。

各社の売上高

住宅	大和ハウス工業	4兆9081億円
	積水ハウス	2兆9288億円
建設	鹿島	2兆3915億円
	大林組	1兆9838億円
不動産	三井不動産	2兆2691億円
	三菱地所	1兆3778億円

23年3月期までの各社直近決算。

第 3 章

視野の広さ

Sensitive

この評価軸は、多様な社会現象に対する「一般知識」を測るのが狙いです。基礎知識と実践知識に基づき課題をとらえる場合、幅広い情報を持っていれば、課題をつかみやすくなります。一見、経済と直接関係しない政治・社会の動きなど、ビジネスパーソンに知っておいてほしい知識は少なくありません。複雑な国際情勢の動きなども「そもそも」からの知識を持っていると、なじみやすくなります。

この章の入門解説では、国内外の「政治」、テクノロジーの最新動向を理解する基礎となる「科学」、人口構成や世代など「社会」から 5 つのテーマをピックアップして解説します。

政治

- 政府とは内閣、行政機関として11省と内閣府など
- 週2回開く「閣議」で法案や国政の重要方針を決定
- 法案審議する国会は例年2回、通常国会と秋の臨時国会

　日本の政治がどのような仕組みで動いているか、政府と国会に焦点を合わせてまとめます。政府とは、立法府である国会に対して行政府といいますが、端的には内閣のことを指し、省庁は内閣に付属する行政機関、と理解すると分かりやすいと思います。内閣の下には内閣府と11の省、内閣直属の内閣官房やデジタル庁があり、それぞれの長として国務大臣を置きます。内閣府には省庁に付かない特命担当の国務大臣も置きます。

　内閣府と内閣全体の長が内閣総理大臣（首相）です。内閣官房は首相を

図表 3-1

政府の仕組み

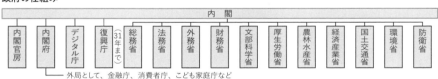

外局として、金融庁、消費者庁、こども家庭庁など

法律ができる仕組み

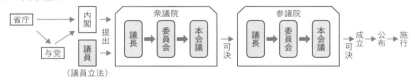

国会のスケジュール

1月	2月	3月	4月	5月	6月	7月	8月	9月	10月	11月	12月
		通常国会 （会期150日、延長1回だけ可能）						臨時国会 （9月下旬〜10月召集、12月上旬 までが多い。延長2回まで可能）			

直接補佐する組織です。その長である国務大臣が内閣官房長官で、内閣の
スポークスマンとして平日原則2回、記者会見をします。国務大臣は原則
毎週火曜と金曜の午前、首相官邸の閣議室（国会開会中は国会議事堂内の
閣議室）で定例閣議を開きます。法律・条約の公布や法律案、政令案など
のほか、政府として意思決定が必要な案件について決めるのが、ニュース
によく登場する用語「閣議決定」です。

　立法府である国会には年間を通じた定例日などはなく、会期が定められ
ています。必ず開くのは年に1度、1月に召集される「通常国会」です。会
期は土日や祝日も入れ150日、6月まで5カ月間です。もう1つは例年、9
月下旬ないし10月ごろから12月上旬ごろまで開かれることが多い「臨時
国会」です。首相が衆議院の解散権を行使するのは国会が開かれている間
（閉会中も可能とされるが前例なし）です。

　国会では政府予算案を審議する予算委員会の質疑が主に報じられます
が、そのほか例年65本前後の法案が主に政府から提出され、常設で17あ
る委員会で審議します。提出された法案は会期中に成立しないと原則、廃
案となり、次の国会に引き継げません。会期末になると与野党で会期延長
を巡る駆け引きが繰り広げられるのはこのためです。

　中央省庁の官僚の重要な仕事がこの法案をつくることです。法案は国会
議員も提出できますが、大半は内閣が提出します。省庁の中で検討し省議
で決定、内閣が閣議で決定して法案となります。例えばビジネスに関連し
て最近話題のライドシェア（自家用車による有償輸送）も、本格的に導入
される場合は所管する国土交通省で法改正や新法の法案がつくられ、国会
で審議する流れが想定されます。

　その法案を法律のプロとして事前審査する内閣法制局という組織もあり
ます。政治的に重要な手続きが、与党が法案の内容を事前に審査すること
です。自民党の場合、政務調査会に置く部会などで議論し総務会で決定し
ます。内閣は与党の了承を得たうえで、法案を閣議決定します。その後の
国会での流れは図表3-1の通りですが、実質的な審議の場となる国会の委
員会で質疑をするのは主に野党の議員です。与党では以上のように、法案
提出までに議論を尽くした形になっているためです。

国際機関

- 国連とは、平和維持は安保理が担うも機能不全の指摘
- 関連機関多い国連、IAEAやWTO、IMF・世銀も
- 国連以外、OECDは「先進国クラブ」、万博や五輪も

　国際政治のニュースに頻繁に登場する国連を中心に、いわゆる国際機関について整理します。

　国連（UN = United Nations）は「平和と安全の維持」と「社会の進歩・生活水準の向上」を主な目的とした国連憲章に基づき第二次世界大戦後の1945年に創設されました。ニューヨークに本部を置きます。主要な機関として「総会」と「安全保障理事会」があります。

　総会は193の全加盟国で構成し、例えば2015年の総会で採択した「持続可能な開発のための2030アジェンダ」、いわゆるSDGs（Sustainable Development Goals）が代表的な決定事項です。さかのぼって1992年の国連総会で採択した「気候変動に関する国際連合枠組条約」は地球温暖化対策の枠組みを決定、その締約国が毎年開いている会議がCOP（Conference

図表 3-2

国連の組織と関連する国際機関

総会
- 全加盟国193カ国で構成
- 各国1票の投票権
- 決議に強制力なし

関連機関　国際原子力機関（IAEA）　世界貿易機関（WTO）

- 国連児童基金（UNICEF）
- 国連環境計画（UNEP）
- 国連貿易開発会議（UNCTAD）
- 国連難民高等弁務官事務所（UNHCR）

総会が設立した機関

安全保障理事会
- 5常任理事国と10非常任理事国
- 決議に強制力あり
- 常任理事国は決議に拒否権

国際司法裁判所　事務局　経済社会理事会

- 国連食糧農業機関（FAO）
- 国際農業開発基金（IFAD）
- 国際通貨基金（IMF）
- 国際電気通信連合（ITU）
- 国連工業開発機関（UNIDO）
- 万国郵便連合（UPU）
- 世界知的所有権機関（WIPO）
- 世界銀行グループ
- 国際民間航空機関（ICAO）
- 国際労働機関（ILO）
- 国際海事機関（IMO）
- 国連教育科学文化機関（UNESCO）
- 世界観光機関（UNWTO）
- 世界保健機関（WHO）
- 世界気象機関（WMO）

15の専門機関

（資料）国連

of the Parties ＝締約国会議の頭文字）です。

　平和維持に関しては22年から23年にかけて、ロシアのウクライナ侵攻やイスラエル・パレスチナ衝突を巡ってたびたび緊急会合を開いて即時撤退や停戦を求める決議を総会で可決しましたが、総会決議には強制力（法的拘束力）がありません。

　一方、安全保障理事会の決議には強制力がありますが、常任理事国（米英仏中ロの第二次世界大戦戦勝5カ国）が議決への拒否権を持っています。例えば北朝鮮の核・ミサイル開発に関しては、弾道ミサイル技術を使用した発射をこれ以上行わないことを求める決議はしていますが、北朝鮮による度重なる発射強行で制裁を強化する決議はロシアと中国の反対で相次ぎ否決されています。このため平和と安全の維持という安保理の目的が果たされない「機能不全」がかねて指摘されており、日本、ドイツ、インド、ブラジルの4カ国は理事国の拡大などを提案しています。

　国連には「国連ファミリー」と呼ばれる数多くの機関があります。図表3-2に関連する機関の一覧を示しました。第2章までの入門解説に登場した世界貿易機関（WTO）や国際通貨基金（IMF）も国連の機関です。

　国連以外の国際機関についても解説しておきます。経済協力開発機構（OECD ＝ Organisation for Economic Co-operation and Development）は第二次世界大戦後のいわゆる西側資本主義各国が欧州の戦後復興のため設けた組織が前身で、その成り立ちから中国、ロシアは入っていません。38カ国が加盟しています。経済成長、途上国援助、自由貿易拡大が設立の目的ですが、WTOのような交渉を行う組織ではなく、議論による政策協調やルールづくりをすることから「先進国クラブ」とも呼ばれます。

　このほか国際博覧会条約に基づく万国博覧会の開催を承認する博覧会国際事務局（BIE）も国際機関の1つ。非政府の国際組織としては五輪を主催する国際オリンピック委員会（IOC）があります。スイスのローザンヌに本部を置き、国連を上回る206の国・地域の国内オリンピック委員会（NOC）が参加しています。ちなみにスポーツ界では国際サッカー連盟（FIFA）が、英国のイングランド、スコットランドなど4協会が個別に加盟していることもあり、加盟国・地域数でIOCを上回る最大の団体です。

脱炭素

- 化石燃料とは、地質時代に取り込まれたCO_2を放出
- 温暖化ガスにも種類、メタン排出する畜産も発生源
- 水素は温暖化ガス排出ゼロも、製造過程で「色分け」

　世界の産業界で大きな課題になっている「脱炭素」に関連する一般知識です。まずはその排出源となっている化石燃料とはそもそも何かです。

　石油、石炭、天然ガスなど化石燃料（fossil fuel）は文字通り、微生物の死骸や枯れた植物などの化石が変成したものです。燃やすとかつて地質時代に生息していた生物が取り込んでいた二酸化炭素（CO_2）が放出されます。これが温暖化ガスです。原油や天然ガスは地中深くの根源岩と呼ぶ岩石にたまっています。これが少しずつ染み出して浅い地層にある貯留岩と呼ぶ岩にたまったのが在来型の油田です。米国が産出に成功したシェールガス・オイルは水圧破砕法などの技術で根源岩であるシェール（頁岩）から直接、原油や天然ガスを採取したものです。

　天然ガスは火力発電の燃料や都市ガスに、原油は図表3-3に示したよう

図表 3-3

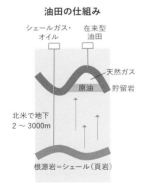

油田の仕組み

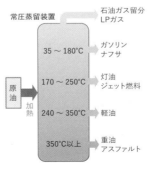

原油と石油製品

（資料）石油情報センター

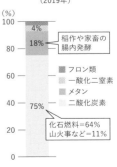

温暖化ガスの種類と構成割合
（2019年）

（資料）気候変動に関する政府間パネル
（IPCC）第6次報告書

144

に様々な石油製品になります。「2050年に温暖化ガス排出ゼロ」という言い方をすることがありますが、排出分と森林などによる吸収分を差し引いて実質ゼロにする（カーボンニュートラル）という意味であり、化石燃料を使わなくなるわけではありません。温暖化ガスの排出源は化石燃料だけでなく、農業、特に畜産で発生するメタンも2割近くを占めます。

　次に、脱炭素時代に注目される水素についての知識です。水素（元素記号H）は自然界に単体では存在せず、水（H_2O）など化合物の形で存在します。水素をエネルギーとして取り出すには加工を要します。化石燃料や原子力、水力、太陽熱などを1次エネルギー、それを加工した電気などを2次エネルギーと呼びます。水素も2次エネルギーであり、脱炭素につながるかどうかは、加工（製造）過程を含めて考える必要があります。

　水素の主な製造方法は図表3-4の通りで、現在はほとんどが化石燃料（主に天然ガス）と水蒸気を反応させる方法で作られ、その過程で温暖化ガスを排出します。これをグレー水素と呼びます。カーボンニュートラルのためCCUS（Carbon dioxide Capture, Utilization and Storage ＝ CO_2 の回収・利用・貯留）という技術があり、排出した温暖化ガス分をこれで吸収すればブルー水素です。水素は水を電気分解して製造でき、再生可能エネルギーで発電した電力を使えば、温暖化ガスを全く排出しないグリーン水素。同じ理屈ですが原子力発電ならイエロー水素と呼びます。

図表 3-4 ────────────────────────────

水素の特徴と製造方法による分類

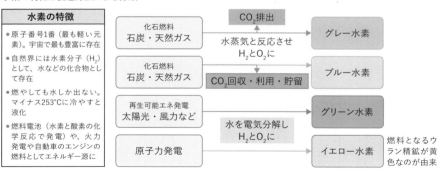

AIと量子コンピューター

- 人工知能とは、データを自ら解釈し処理方法を選ぶ
- ディープラーニングで進歩、画像認識技術がカギに
- 量子コンピューターに2方式、ゲートとアニーリング

　2022年から23年、文章や画像、動画を自動生成する人工知能（AI）、生成AIが大ブームになりました。米オープンAIが公開した高度な対話機能を備える「ChatGPT（チャットGPT）」、同社に出資した米マイクロソフトがその技術を取り入れた検索サービス、米グーグルが開発した対話AI「バード」（24年2月にGemini＝ジェミニ＝に改称）などの動きは日経TESTでは実践知識の範囲ですが、ここではそもそもAIとは何かを見ます。

　まず、AIとコンピューターの違いを整理します。コンピューターは人間の命令に従ってデータを処理するもので、その処理速度を飛躍的に向上したのがスーパーコンピューターです。これに対してデータを自ら解釈して、最適な処理方法を選んで実行するのがAIです。図表3-5にAIの歴史を示しました。過去にもブームがありましたが、飛躍的に進歩したのは10

図表 3-5

人工知能（AI）の特徴と歴史

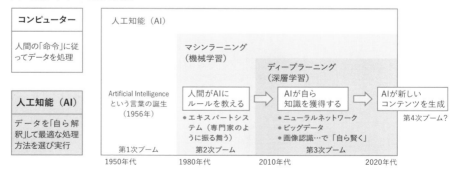

年代、ディープラーニング（深層学習）技術が開発されてからです。それまではAIが大量のデータを学ぶ際に人間がデータを分類する特徴（着目点）を教えていました。ディープラーニングではAIが自ら着目点を見いだして学習し分類します。人間が「犬」の特徴を教えなくても自ら学び犬の画像を選ぶのがAI、というたとえ話でよく説明されます。

その画期となった10年代前半のディープラーニングによる画像認識などの進歩に活用されたのが米エヌビディアの画像処理半導体（GPU）で、23年の同社の株式時価総額1兆ドル超えの動きにつながります。

この分野でもう1つ、量子コンピューターについてもそもそも何かを見ておきます。19年に米グーグルがスーパーコンピューターの能力をしのぐ「量子超越」を達成したと発表し脚光を浴びました。スーパーコンピューターが「0」と「1」のデジタル信号で計算する従来の方式なのに対し、全く異なる「量子ビット」の原理を使い計算します。

図表3-6に技術や特徴を整理しました。大きく分け、飛躍的な計算速度が特徴であるグーグルなどの量子ゲート方式（ゲートは論理回路の意味）と、量子アニーリング方式（アニーリングとは金属の「焼きなまし」のことで、最適な解の見つけ方に応用）の2つがあります。原理はそれぞれ難しいのですが、量子アニーリング方式は実用化が進み、物流ルートの探索や交通量の予測など身近な課題の解決にも応用され始めています。

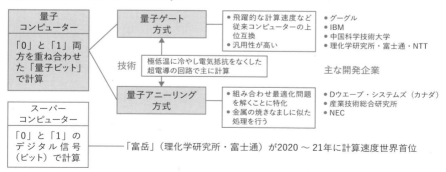

図表 3-6

量子コンピューターとスーパーコンピューター

人口構成と世代

- 人口多い団塊と団塊ジュニア、2025年の次は2040年問題
- 消費スタイルに影響、コスパ・タイパやアップサイクル
- Z世代の次はミレニアル世代の子どもの「α世代」

　最後に社会の分野です。経済知力に関連する一般知識としては、経済・社会が今後どう動いていくかを見通すことにつながる「人口構成」と、共通するライフスタイルが消費に影響する「世代」が重要です。

　図表3-7は日本の出生数と合計特殊出生率の推移です。2022年の出生数は過去最低を更新し、77万人と、統計開始以来初めて80万人を割り込みました。23年も減少は止まらず出生数は70万人台前半、1人の女性が生涯に産む子どもの人数を示す合計特殊出生率も22年の1.26を下回り過去最

図表 3-7 ────────────────────────────

出生数、合計特殊出生率の推移

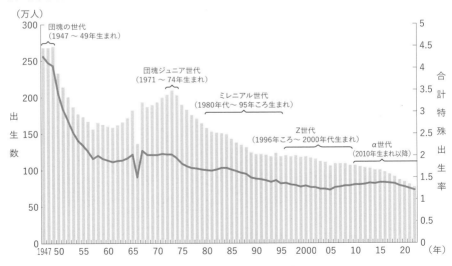

（資料）厚生労働省

低を更新したと見られます。

　グラフの左端、1947〜49年の出生数は22年の3倍以上で、250万人を超えていました。この3年間に生まれた人たちを「団塊の世代」と呼びます。出生数が増えたのは第二次世界大戦後の世界的な現象（ベビーブーム）で、米国では「ベビーブーマー」と呼びます。

　この世代は22年から続々と75歳を迎えており、25年に入ると全員が75歳以上の後期高齢者になります。第1章入門解説の財政の項でも見た社会保障負担が一段と重くなる「2025年問題」です。さらにその子どもの「団塊ジュニア世代」（1971〜74年生まれ）が、40年には全員が65歳以上の高齢者になります。同様に「2040年問題」と呼びます。

　「世代」は人生の節目で迎えた社会変化からも名付けられます。例えばバブル崩壊後の1990〜2000年代の企業の新卒採用が特に厳しかった時代に社会に出た世代は「就職氷河期世代」や「ロストジェネレーション（ロスジェネ）世代」とも呼ばれます。

　世界的に2000年以降に成人を迎えた1980年代以降生まれを「ミレニアル世代」と呼びます。子どものころからインターネットが普及してデジタルになじみ（デジタルネーティブ）、環境・社会問題に前の世代より関心が高い（エシカル）世代とされます。

　その後、1990年代後半から2000年代に生まれた世代が「Z世代」です。米国ではミレニアル世代以降の人口が既に全人口の過半数を占めます。高齢化が進む日本では人口に占めるこれらの世代の割合は海外を下回りますが、Z世代の動向が新しい消費スタイルを先導し始めています。22年から23年にかけて流行語にもなった「コスパ・タイパ」や、リユース・リサイクルから進んだ「アップサイクル」などです。

　さらに次の世代として世界的に「α世代」（ラテン文字の最後のZの次なので、ギリシャ文字の最初のα）という呼び名も聞かれ始めました。ミレニアル世代の子ども、10年ごろ以降に生まれた世代を指します。10年は画像共有アプリ「インスタグラム」のサービス開始とアップル「iPad」発売があった年であり、生まれたときからSNS（交流サイト）やタブレット端末があった世代です。

3

視野の広さ

経済ニュースに出てくる「単位」

- ● ニューヨーク、ロンドンなどの国際商品指標価格に登場
- ● 金はトロイオンス、原油はバレル、それぞれ由来
- ● 単位の接頭語、ビッグデータや微細化技術の理解に

　経済ニュースによく登場する「単位」に関するそもそもの知識です。2023年に金の国際価格がたびたび最高値水準の2000ドルを突破しましたが、これは現物ではロンドン地金市場協会（LBMA）、先物ではニューヨーク商品取引所（COMEX）の1トロイオンス当たりの価格です。なお、日本国内の指標は地金商最大手の田中貴金属工業が発表する1グラム当たりで、23年12月に1グラム＝1万928円の過去最高値をつけました。

　デジタル化でよく登場するデータの量はバイトが単位、メガやゼタなど単位の接頭語が付くと1000ずつ大きくなります。次世代半導体の微細化を示すナノメートル、23年ノーベル物理学賞の受賞対象となったごく短い時間だけ光る「アト（10^{-18}）秒レーザー」など、1000ずつ小さくなる接頭語も科学技術関連のニュースに登場します。

図表 3-8 ────────────────────────────

単位の知識

貴金属	トロイオンス

- ● 1トロイオンス＝31.1035グラム
- ● 中世に栄えたフランスの都市名「トロア」が由来
- （例）ロンドン市場の1トロイオンス当たり現物価格

原油	バレル

- ● 1バレル＝約159リットル
- ● 19世紀に米国の油田で使った樽（たる）が由来
- （例）ニューヨーク市場の1バレル当たり先物価格

穀物	ブッシェル

- ● 1ブッシェル＝約35リットル、重さは穀物による
- ● 穀物を入れる桶（おけ）1杯分が由来
- （例）シカゴ市場の1ブッシェル当たり先物価格

データ	ビット・バイト

- ● 2進法のデータ1つが1ビット
- ● 1バイト＝8ビット、2の8乗で256通りの情報表現

単位の接頭語

- ● データの量（メガバイト・ゼタバイト）
- ● 微細化の度合い（半導体のナノメートル）

→巨大
キロ 10^3 → メガ 10^6 → ギガ 10^9 → テラ 10^{12} → ペタ 10^{15} →
エクサ 10^{18} → ゼタ 10^{21} → ヨタ 10^{24} …

→微細
ミリ 10^{-3} → マイクロ 10^{-6} → ナノ 10^{-9} → ピコ 10^{-12} →
フェムト 10^{-15} → アト 10^{-18} → ゼプト 10^{-21} → ヨクト 10^{-24} …

（資料）日本経済新聞連載「単位のイロハ」など

Q 41 日本の国会について、正しい記述はどれか。

❶ 通常国会は毎年10月から180日間、開会する。

❷ 臨時国会では例外を除き、法案の審議は行わない。

❸ 会期中に採決できなかった法案は原則、次の国会で継続審議する。

❹ 通常国会も臨時国会も、衆参両院が議決すれば会期を延長できる。

Q 42 以下の国際金融に関連する組織の中で、国連グループに属するのはどれか。

❶ 国際決済銀行（BIS）

❷ 国際銀行間通信協会（Swift）

❸ 多数国間投資保証機関（MIGA）

❹ 経済協力開発機構（OECD）

　国会の会期については入門解説の図表3-1で取り上げました。通常国会と臨時国会のほか、衆議院の解散・総選挙後に首相指名のため行う特別国会があります。通常国会は毎年1月に召集、会期は150日間です。臨時国会は「臨時」という名称ですが、最近では2015年に首相の外交日程などと重なり開かなかった年もあるもののほぼ定例化し、会期も2カ月程度ある通称「秋の臨時国会」として、法案も審議します。採決できなかった法案は継続審議の手続きをとらなければ原則、廃案になります。このため通常国会は1回、臨時国会と特別国会は2回まで延長できます。

　日本の国会の会期制は1890年に帝国議会を設立した際、当時の欧州の君主制の国々の議会制度を見習って設けたものですが、日本以外の主要7カ国（G7）では事実上の通年化が進んでいます。

　国際決済銀行（BIS ＝ Bank for International Settlements）は世界の中央銀行を株主とする国際銀行で、各国中銀総裁が原則隔月で集まり会議を開いています（本部スイス・バーゼル）。国際銀行間通信協会（Swift ＝ Society for Worldwide Interbank Financial Telecommunication）は200以上の国・地域の金融機関を結ぶ国際送金を一手に担うシステムで、組織としては各国の金融機関が出資した協同組合（本部ベルギー・ブリュッセル）です。経済協力開発機構（OECD）は入門解説で取り上げました。

　多数国間投資保証機関（MIGA ＝ Multilateral Investment Guarantee Agency）は発展途上国への直接投資促進を目的に1988年発足した、国連の専門機関・世界銀行グループの組織の1つです。米ワシントンに本部を置き、歴代長官は日本人が務めています。

Q 43 アフリカ各国に関する記述として、正しいのはどれか。

1 ナイジェリア —— 資源収入安定で高成長

2 エチオピア —— 世界貿易機関（WTO）トップの出身国

3 ルワンダ —— ジェンダーギャップ指数で一時世界ベスト5入り

4 南アフリカ —— 中国の「一帯一路」構想も通る要衝

Q 44 2023年12月に右派のリバタリアン（自由至上主義者）である大統領が就任、通貨のドル化・中央銀行の廃止を打ち出した国はどれか。

1 アルゼンチン

2 エクアドル

3 コロンビア

4 メキシコ

　人口2.2億人とアフリカ最大のナイジェリアは石油輸出国機構（OPEC）に加盟する産油国ですが、生産は不安定で経済成長は足踏みしています。WTOのオコンジョイウェアラ事務局長は同国出身、エチオピア出身者がトップに就くのは世界保健機関（WHO、テドロス事務局長）です。中国の一帯一路構想でアフリカ東岸から紅海を抜け欧州を結ぶ「海のシルクロード」が通るのは、南端・喜望峰がある南アフリカでなく、紅海の入り口で「アフリカの角」と呼ばれるソマリア、ジブチ、エチオピアなどです。

　ルワンダはかつて民族対立で多くの犠牲者を出した歴史がありますが、情報技術（IT）立国で経済を再建。女性国会議員比率が世界首位、世界経済フォーラム（WEF）が発表する男女平等ランキング（ジェンダーギャップ指数）で一時ベスト5入り（2023年は12位）した上位常連国です。

　アルゼンチンは20世紀初めまでは世界一豊かな国とも呼ばれた先進国でしたが、深刻な経済危機を繰り返し、2023年は前年比200％に迫るインフレ率を記録しました。その中で行われた大統領選で勝利し12月、大統領に就任した経済学者出身のハビエル・ミレイ氏は、時期や手法は慎重に検討するとしながらも選挙戦で訴えた通貨のドル化・中央銀行廃止の方針を掲げました。自国通貨に代わり米ドルを通貨にするドル化は2000年にエクアドルが実施しましたが、同国の5倍の経済規模のアルゼンチンが実施するのは非現実的と見られています。

中南米のGDP上位国
（10億ドル）

ブラジル	1920
メキシコ	1465
アルゼンチン	630
コロンビア	343
チリ	300
ペルー	244
エクアドル	115

（資料）IMF、22年

Q 45 以下の多国間の枠組みの中で、日本が入っているのはどれか。

① AUKUS（オーカス）

② Quad（クアッド）

③ ファイブ・アイズ

④ 上海協力機構（SCO）

 Q 46 米国が中心となって進めている月面有人探査プロジェクト「アルテミス計画」について、正しい説明はどれか。

① 無人探査機を含め月面着陸に成功したすべての国が参加している。

② 日本は月まで宇宙船を運ぶ大型ロケットの開発で主に協力している。

③ 月に水が存在すれば、火星探査の中継基地として活用できる。

④ 国連条約で月面資源の採掘・所有ルールが整備されて動き出した。

　Quadとは「4つの」の意味で、日本、米国、オーストラリア（豪州）、インドの4カ国で安全保障や経済を協議する枠組みです。中国が経済だけでなく海洋進出など軍事面でも脅威になっていることに対抗したものです。北大西洋条約機構（NATO）のような軍事同盟ではありませんが、4カ国で合同軍事演習も実施しています。2000年代に安倍晋三元首相が提唱し、21年にはバイデン米大統領が呼びかけ初の首脳会議を開きました。

　AUKUSは豪州（A）、英国（UK）、米国（US）で21年発足したやはり対中国の軍事同盟。ファイブ・アイズはこの3カ国とカナダ、ニュージーランドによる軍事機密共有の枠組みです。上海協力機構（SCO = Shanghai Cooperation Organization）は中国とロシアが主導し01年発足、中央アジア4カ国とインド、パキスタン、23年にイランも加盟しました。

　アルテミス（ギリシャ神話の月の女神、太陽神アポロの双子）計画は2026年に約半世紀ぶりとなる有人月面着陸を目指しています。24年1月までに無人を含め月面着陸に成功したのは米国、ロシア、中国、インド、日本ですが、この計画にロシアや中国は参加していません。宇宙船を運ぶのは米航空宇宙局（NASA）が開発した新型ロケットで、日本は月を周回する宇宙ステーションへの物資補給や月探査車の開発などで協力します。宇宙に関する基本原則としては1967年に発効した国連の宇宙条約がありますが、資源利用などのルールづくりの議論は進んでいません。

　月には水資源が存在する可能性があり、これを開発できれば火星や小惑星などより遠い天体に向かうコストを大きく引き下げられます。米国は月面基地を足がかりに30年代に火星の有人探査を目指しています。

Q 47 脱炭素戦略で注目される水素の生産を巡る以下の各国での取り組みの中で、「ブルー水素」の製造方法に分類されるのはどれか。

① ドイツ：沖合の洋上風力発電所で水素も製造

② フランス：小型原子炉の電力を活用した水素生産拠点

③ サウジアラビア：天然ガスから水素を製造し副生物は分離回収

④ 日本：地熱発電所に水素製造プラントを併設

Q 48 2023年、米グーグルや、かつて自身が立ち上げにかかわったオープンAIに次ぐ「第三極」を目指すとする人工知能（AI）開発の新会社を設立したのは誰か。

① イーロン・マスク

② ジェフ・ベゾス

③ ビル・ゲイツ

④ マーク・ザッカーバーグ

　入門解説の図表3-4で取り上げた水素の製造法による分類の復習です。選択肢❶❹は風力、地熱という再生可能エネルギーにより発電した電気を使って水を電気分解して水素を生産するので「グリーン水素」、❷は原発で発電した電気を使うので「イエロー水素」です。

　サウジアラビアは天然ガスを原料として、生産時に発生する二酸化炭素（CO_2）を回収した「ブルー水素」や常温で運べる「ブルーアンモニア」の生産に力を入れています。国営石油会社サウジアラムコは日本の商船三井などと組み、ブルーアンモニアをサウジから日本や韓国に出荷する取り組みを始めました。砂漠の地下などにCO_2を貯留しやすいことも有利な条件です。広大な土地があるサウジは太陽光を使ったグリーン水素でも、世界で最も低コストで生産できる国の1つとされます。

　人工知能（AI）開発で2大勢力の米グーグルと、米マイクロソフトが出資するオープンAIに対抗する「xAI（エックスエーアイ）」を設立したのは自動車のテスラ、ロケットのスペースXを立ち上げてきた起業家、イーロン・マスク氏です。X（旧ツイッター）と連携した生成AIのサービスを2023年12月に開始、テスラの自動運転機能開発とも連携します。

　マスク氏は15年に巨大テック企業グーグルに対抗する目的でサム・アルトマン氏（現オープンAI最高経営責任者＝CEO）らと「人類のためのAI」を標榜する非営利法人オープンAIを立ち上げ役員に就きましたが、路線の違いで18年に辞任していました。同法人の営利目的子会社としてのオープンAIがもう1つの巨大テック企業マイクロソフトから巨額の投資を受けることを批判し、新会社の立ち上げにつながりました。

Q 49 化石燃料を使わない再生航空燃料（SAF）の原料でないのはどれか。

❶ アンモニア

❷ 廃天ぷら油

❸ 藻類

❹ エタノール

Q 50 日本の研究者が開発した技術として注目されるペロブスカイト型太陽電池について、正しい説明はどれか。

❶ 低照度の室内では発電しにくい。

❷ 基礎研究より量産化技術で日本が先行している。

❸ 製造工程は従来型（シリコン）より複雑である。

❹ 主原料が日本に豊富にある資源だ。

SAF（Sustainable Aviation Fuel ＝持続可能な航空燃料）は、植物や飲食店などから出る廃油に含まれる炭素から生産します。燃やすと二酸化炭素（CO_2）が出ますが、原料が光合成を行う際にCO_2を吸収しているので、従来のジェット燃料（原油由来、図表3-3参照）に比べCO_2を8割削減したとみなされます。世界の航空業界が2050年までの温暖化ガス排出ゼロを目指す中で最も期待されており、日本の航空会社も30年度までに燃料の1割をSAFに置き換えることを目指しています。

廃食油など油脂を精製する方法が最も進んでいますが、原料の供給に限界があり、大量に培養できる微細な藻類や、トウモロコシやサトウキビからつくるエタノールが有力な原料とされます。脱炭素で脚光を浴びるアンモニアも燃料にすることは可能ですが、SAFの定義からは外れます。

ペロブスカイトとは特殊な結晶構造の名前で、この結晶を用いた太陽電池は厚さが約1ミリと非常に薄く、軽くて曲げることができます。このため従来のシリコン太陽電池が設置できなかった壁面や車の屋根などに設置でき、低照度の室内でも発電できます。材料を印刷、塗布してつくることができるため製造工程がシンプルなのと、主な原料となるヨウ素（ヨード）は世界の3割を日本が生産、埋蔵量では日本が世界1位といわれる資源なのが特徴です。次世代型太陽電池として期待されています。

宮坂力・桐蔭横浜大学特任教授らが2009年に発表した論文がもとになっており、基礎研究では日本が進んでいますが、ポーランドのスタートアップ、サウレ・テクノロジーズや中国の企業が生産を始めるなど、量産化では海外勢が先行しています。

Q 51

日本の地震の「震度」について、正しい説明はどれか。

① 実際の揺れではなく、地震の規模（マグニチュード）から定める。

② 10段階で表示され、最大は「震度7」である。

③ 日本の震度階級の定め方が世界共通の基準となっている。

④ 震度6までの地震で倒壊しなければ新耐震基準を満たす。

Q 52

欧州連合（EU）が環境や生態系に悪影響を及ぼすとして有機（　　）化合物の製造、使用、輸入の制限に動き、世界の産業界に影響している。（　　）に当てはまる元素はどれか。

① 窒素

② フッ素

③ 塩素

④ ヨウ素

　気象庁が定める震度は人が揺れを感じない震度0に始まり7が最高です。5と6は強と弱に分かれ全体で10段階です。揺れの激しさを機械で計測し震度階級に当てはめますが、この階級は日本独自のもので、地震のエネルギーを示すマグニチュードのように世界で使われているわけではありません。1981年からの新耐震基準は震度6強〜7程度の地震で倒壊や崩壊せず、内部の人命が守れることが基準です。旧基準は「震度5強程度の地震で損壊しない」でした。なお、木造住宅については新耐震基準をさらに強化した2000年基準（現行耐震基準）が設けられています。

震度7を記録した地震

1995年 1月	阪神大震災
2004年10月	新潟県中越地震
11年 3月	東日本大震災
16年 4月	熊本地震（2回）
18年 9月	北海道胆振東部地震
24年 1月	能登半島地震

　有機フッ素化合物（PFAS）は4730種を超すフッ素と炭素の化合物の総称で、衣類の防水加工など身近な製品から半導体製造まで幅広く使われています。このうち消火剤やフライパンのコーティング剤に使われてきた「PFOS」と「PFOA」はがんなどのリスクを高めるとして国際条約で規制され日本も2021年までに製造や輸入を禁止していますが、EUは23年1月、化学物質を規制する「REACH規則」に基づき、数千種類の物質を一括して域内での生産・販売・利用を禁止する規制案を発表しました。

　この規制が実施されれば欧州に製品を輸出している世界の企業に大きく影響します。米国でもPFASを巡り企業の責任を問う訴訟が相次ぎ、巨額の和解金を支払うことになった米スリーエムは25年末までにPFASの使用をやめると宣言しました。

Q 53 情報処理推進機構（IPA）が毎年公表している「情報セキュリティ10大脅威 2023」で、「組織向け脅威」として首位になったのはどれか。

❶ 標的型攻撃による機密情報の窃取

❷ テレワーク等のニューノーマルな働き方を狙った攻撃

❸ ランサムウエアによる被害

❹ 修正プログラムの公開前を狙うゼロデイ攻撃

Q 54 金の国際相場の取引単位となる1トロイオンスは約何グラムか。

❶ 10グラム

❷ 30グラム

❸ 100グラム

❹ 150グラム

　IPAが発表する「10大脅威」は前年発生した事案から候補を選び情報セキュリティ分野の研究者、実務担当者らが投票して選んでおり、ランサムウエア（身代金要求型ウイルス）による被害が前年に続き首位でした。ランサムウエアとは盗んだ情報を「人質」に企業に身代金（ransom）の支払いを求めるものです。2022年にはトヨタ自動車の取引先メーカーがランサム攻撃を受け、トヨタが国内の全工場の稼働を1日停止しました。警察庁によると23年1〜6月に全国の警察が把握した企業などのランサム被害は103件に上り、3半期連続で100件を超えています。

　IPAの23年ランキングでは選択肢❶の「標的型攻撃」が前年2位から3位に下がり、2位には選択肢にない「サプライチェーンの弱点を悪用した攻撃」が入りました。

　入門解説で取り上げた「単位」と「金」の復習です。2023年末までの金相場の最高値の目安は世界的には1トロイオンス＝2000ドル、日本では1グラム＝1万円を超えたところが最高値でした。1ドル＝150円とすると「30グラム」という見当がつきますが、正確には1トロイオンス＝31.1035グラムです。金は有史以来採掘された総量が約20万トン、五輪の水泳競技で使う国際基準プール約4杯分とよくいわれます。年間生産量は世界で3000トン程度、このほか1000トン以上の中古スマホや家電などからのリサイクル供給があります。

2022年の金生産量（トン）

中国	330
オーストラリア	320
ロシア	320
カナダ	220
米国	170
カザフスタン	120
メキシコ	120
南アフリカ	110

（資料）米地質調査所

Q 55 1990年代後半から2000年代前半に生まれた「Z世代」の人気を集め、ここ10年で10倍と生産額を大きく伸ばしたのはどれか。

❶ アナログレコード

❷ 従来型携帯電話（ガラケー）

❸ IC レコーダー

❹ ラジオ受信機

Q 56 最近の中国に広がる社会現象に関する言葉はどれか。

❶ 8050問題

❷ MZ世代

❸ 82年生まれ

❹ 寝そべり族

　正解はアナログレコードで、日本レコード協会によるとアナログレコードの生産額は2022年に約44億円と33年ぶりに40億円を突破しました。ここ10年で10倍、特に21年から大きく伸びています。米国でも22年、アナログレコードの売上枚数が1987年以来35年ぶりにCDを上回りました。日本でも米国でもZ世代の若者の購入が目立っており、スマートフォンから音楽配信などデジタルサービスで聞いた音楽をジャケットの付いたレコードの形で所有したいという所有欲の表れなどと分析されています。

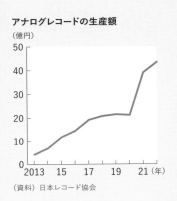

アナログレコードの生産額
(億円)

(資料) 日本レコード協会

　正解は2021年から中国で流行語となった「寝そべり族」。一人っ子政策で進学率が上がり大卒・大学院卒者が急増する一方、学歴に見合う就職先を見つけるのが困難になっていることを嫌い、高望みせず必要最低限の生活を送るライフスタイルとされます。結婚もせず贅沢もしないため、少子化や盛り上がらない個人消費の背景です。やはり中国の最近の流行語である、受験や就活競争で神経をすり減らす「内巻」や「996（朝9時から夜9時まで週6日働く）」へのアンチテーゼとも指摘されます。

　「8050問題」は80代の親が50代のひきこもりの子を抱え困窮する日本の高齢者問題、「MZ世代」は韓国でのミレニアム世代とZ世代の総称、「82年生まれ」は韓国の女性問題を描き社会現象になった小説『82年生まれ、キム・ジヨン』からです。

Q 57

米国で競技人口が急増、有力ヘッジファンドの元幹部がプロリーグの最高経営責任者（CEO）に就任するなど投資家の注目も集めているといわれるプロスポーツはどれか。

❶ ウィッフルボール

❷ ピックルボール

❸ フレスコボール

❹ HADO（ハドー）

Q 58

日本の生鮮魚介類の年間1人当たり購入量の1〜3位の順に並んでいるのはどれか。2022年、水産庁「水産白書」から。

❶ マグロ　サケ　　イカ

❷ サケ　　イカ　　マグロ

❸ マグロ　ブリ　　サケ

❹ サケ　　マグロ　ブリ

ピックルボール（Pickleball）は米国発祥のテニスと卓球とバドミントンを掛け合わせたような新スポーツで、米国のスポーツ産業の調査機関によると米国の競技人口は2022年に890万人と前年比倍増、「米国で最も急成長しているスポーツ競技」とされています。米マイクロソフトのビル・ゲイツ氏など著名人が愛好していることでも知られ、プロリーグ団体、メジャーリーグ・ピックルボール（MLP）のCEOに米有力ヘッジファンド、シタデルの元幹部が就任したことも話題になりました。

ウィッフルボールは米国発祥の野球に準じたルールのゲーム。フレスコボールはブラジル発祥の砂浜で2人1組でボールを打ち合うビーチスポーツ。HADOは雪合戦のように仮想のボールを投げ合う拡張現実（AR）を使ったいわゆるeスポーツです。

魚介類の1人当たり消費量は2001年度をピークに減り続けていますが、消費者が購入する生鮮魚介類の種類も変化しています。2000年代半ばまではイカが首位、マグロとサケが2、3位を争っていましたが、22年のイカの順位は5位に下がり、1〜3位はサケ、マグロ、ブリの順です。調理のしやすさに加え、流通・冷蔵技術の発達で以前はあまり流通していなかった地域も含め全国的にこの上位3品目が購入しやすくなりました。サケについてはノルウェーやチリの生食用養殖サーモンの国内流通量が大幅に増加したほか、国内でも大手総合商社などが参入して陸上養殖が盛んになっています。

購入量上位5品目

	2002年	2022年
①	イカ	サケ
②	マグロ	マグロ
③	サケ	ブリ
④	サンマ	エビ
⑤	エビ	イカ

（資料）水産庁

Q 59 先の読めない時代を表す言葉として使う「VUCA」を構成する4つの言葉として、間違っているのはどれか。

❶ Variety（多様性）

❷ Uncertainty（不確実性）

❸ Complexity（複雑性）

❹ Ambiguity（曖昧性）

Q 60 「適温相場」とも呼ばれる、過熱もせず冷え込みもしない相場の状態を、金融市場で使われる用語で何と呼ぶか。

❶ グリーンスワン

❷ ゴルディロックス

❸ グレーリノ

❹ ベアマーケット

　「多様性」という言葉を最近よく聞きますが、経営の分野で「多様な人材」といった意味で使うのはvarietyでなく、diversityです。VUCA（ブーカ）の最初のVはそもそも多様性ではなく、ボラティリティー（Volatility＝変動性）。金融市場だと相場の変化（振れ幅）を指す言葉です。もともとは2001年9月11日に米国で起きた同時多発テロ（いわゆる9.11）を機に戦争が従来の「国対国」から「対テロ組織」に変わった際に米国で使われ始めた軍事用語ですが、最近はビジネス用語としてよく使われています。

　Volatilityが入った用語としてはVIX（Volatility Index＝株価変動率指数）があります。投資家が予測する米国株式の先行きの振れ幅で、米シカゴ・オプション取引所がデリバティブ（金融派生商品）の1つのオプション取引の価格をもとに算出します。

　欧米金融市場には動物にたとえた用語が多く、代表的なのが株式市場のブル（雄牛が角を突き上げる＝強気）とベア（クマが前足を振り下ろす＝弱気）。ベアマーケットは下落が続く市場です。ゴルディロックスは英国の童話「The Three Bears」に登場する少女の名前で、「忍び込んだクマの家で飲んだ3つのスープのうち1つが熱過ぎず冷た過ぎない温かさ（適温）だった」という話にちなんだ比喩です。「米国経済の軟着陸」の成否が金融市場の大テーマとなっている2024年、よく聞かれる言葉です。

　グリーンスワン（緑の白鳥）は従来からあった市場用語ブラックスワン（黒い白鳥＝滅多に起きない出来事）から派生した「気候変動による金融危機」。グレーリノ（灰色のサイ）はブラックスワンと逆で、高い確率で大きな問題を引き起こすのに軽視されてしまいがちな事象を言います。

第 4 章

知識を知恵にする力

Induction

「知識」として吸収した情報からルール・法則や共通性を見つけ出し、応用可能な「知恵」に変える力を測るのが、この評価軸の狙いです。いわゆる帰納法（Induction）に基づく推論力を試します。実際のビジネスの場面でも、複数の現象から「仮説」を構築する力は、大量にあふれる情報に付加価値をつけ、ビジネスに活用する基礎となります。

代表的な出題形式としては、「抽象型」（設問で 3 つの条件を挙げる「3 条件型」など）と、選択肢から他の 3 つと異なるものを探したり、設問で挙げた例と共通するものを探したりする「仲間外れ・仲間探し型」があります。例題方式で解説していきます。

抽象型

- 複数の事象から仮説を構築するのが「帰納的推論力」
- 抽象型の典型の3条件型、共通する要素を探す
- 選択肢に挙がるキーワードの知識を増やすのがカギ

例題 1　以下の企業の動きに共通して当てはまるキーワードとして、最もふさわしいのはどれか。

- モスフードサービス：大豆由来たんぱく質を使ったハンバーガーを提供
- イオン：自社ブランドの平飼い（ケージなし）卵を全国で販売
- 良品計画：飲料ボトルをペットボトルからアルミ容器に切り替え

❶ フードテック

❷ サーキュラーエコノミー

❸ 健康志向

❹ エシカル消費

最初に、「抽象型」の出題形式について見ます。日経TESTでよく出題される「3条件型」の形式です。

抽象・3条件型の問題ではまず、条件に共通する要素を探します。選択肢には条件のうち1つないし2つに共通するキーワードも含まれます。

最初のモスフードサービスに関する条件ですが、「大豆由来たんぱく質を使ったハンバーガー」から選択肢に直結しそうなのはまず「健康志向」です。植物肉や人工肉とも呼ばれる、代替肉の製造技術が代表的な「フードテック」も当てはまります。

2番目のイオンに関する条件にある「平飼い（ケージなし）」とは、卵を採る鶏を、かご（ケージ）に入れず、自由に動き回れる環境で飼育することです。家畜をこのように飼育することは、選択肢にありませんが「アニ

マルウェルフェア（動物福祉）」という考えに基づいており、欧米で広がりました。生産効率の点ではケージに入れる飼育法に劣りますが、鶏が健康的に育ち、卵の食味も良くなると言われます。最初の条件に当てはまった「健康志向」とは関連しそうですが、「フードテック」とは異なる概念です。

3番目の良品計画の事例は、製造時の化石燃料の使用や海洋プラスチックごみ問題に対応したいわゆる「脱プラスチック」の動きです。アルミ容器であれば日本国内でのリサイクル率はほぼ100%なので、「サーキュラーエコノミー」（循環型経済）が最も当てはまりますが、このキーワードはモスフードやイオンの事例とは結びつきません。

このように考えて選択肢を眺めると、3つの条件にすべて共通するのは選択肢④のエシカル消費です。

エシカルとは「倫理的な」という意味で、消費者が環境や人権、社会問題に配慮した商品を選ぶのがエシカル消費です。ハンバーガーに使う牛肉は「1キロの生産に約10キロの飼料が必要」といわれ、世界の食料問題への影響のほか、土地や水資源の使用による環境への負荷、さらには牛など家畜が「げっぷ」で排出するメタンが二酸化炭素（CO_2）に次ぎ多く排出されている温暖化ガスであることなども指摘されています。

アニマルウェルフェアが欧米で広がったのはエシカル消費の観点から。サーキュラーエコノミーももエシカル消費の柱の1つです。

図表 4-1

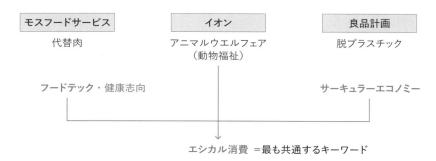

●**抽象・3条件型**＝共通する要素を探す

モスフードサービス	イオン	良品計画
代替肉	アニマルウエルフェア（動物福祉）	脱プラスチック

フードテック・健康志向　　　　　サーキュラーエコノミー

エシカル消費　＝最も共通するキーワード

仲間外れ・仲間探し型

● 「他の３つと異なるのはどれ」が典型的な設問パターン
● 「仲間」の選択肢をグルーピングする軸（視点）をつかむ
● 選択肢の背後にある「隠れキーワード」を発見

例題2 環境や社会問題への貢献を目的とした以下の企業行動の中で、他の３つと取り組み方が異なるのはどれか。

❶ 製品に「紛争鉱物」は使わないと消費者に宣言する。

❷ 売り上げに応じ援助機関に寄付する製品を販売する。

❸ 保有する山林から出る間伐材でバイオマス発電事業に参入する。

❹ 工場のある国や地域でボランティア活動をする。

２つ目に、「仲間外れ・仲間探し型」の出題形式について見ます。こちらも日経TESTでよく出題される形式です。

「他の３つと異なるのはどれか」という設問文は、「仲間外れ型」の出題の典型的なパターンです。「どの３つを仲間にするか」という視点で選択肢を見ていきます。

選択肢①に出てくる「紛争鉱物」とは、内戦や地域紛争における武装勢力などの資金源となる鉱物を指します。具体的にはアフリカのコンゴ民主共和国とその周辺国が産出するスズ、タンタル、タングステン、金などの鉱物を米国が「紛争鉱物」に指定し、米国の証券市場に上場する企業にこれら４鉱物の使用状況を開示することを求めています。サプライチェーン（供給網）が全世界に広がっているため、米国市場に上場していない外国企業も顧客の要請で調査を迫られます。

欧州連合（EU）も同様の規制を導入しており、日本企業では例えばタイガー魔法瓶が「製品に紛争鉱物は使わない」と宣言しました。紛争鉱物の

指定は受けてませんが、やはりコンゴ民主共和国が主産地でリチウムイオン電池に使うコバルトも、児童労働問題などから、企業が取引先を含めたサプライチェーンで人権侵害がないか確認し予防や改善に取り組む「人権デューデリジェンス」の対象になっています。

　選択肢②に出てくる「売り上げに応じ援助機関に寄付する製品を販売する」は例えば森永製菓が2008年から始めて15年で約3億円を集めた「1チョコfor1スマイル」（対象商品1個につき1円を寄付）など。「間伐材を活用したバイオマス発電」は住友林業が取り組んでいます。以上の3つの事例の共通点として浮かぶのは、「自社の事業の経済価値」と「社会への貢献（社会貢献や環境保全への貢献に取り組む）」の両立です。

　これらに対して「工場のある国や地域でボランティア活動をする」という行動は、自社の事業の価値実現とは直接は結びついていません。米国の経営学者、マイケル・ポーターは、後者をCSR（企業の社会的責任）、前者をCSV（共通価値の創造）と位置付けました。この視点から分類すると選択肢①〜③はCSV。選択肢④はCSRであり、他の選択肢と取り組み方が異なるという答えが導けます。なお、機関投資家に広がる「ESG投資」の観点などからも評価が異なる取り組みと言えます。

　以上は「仲間外れ型」についてですが、設問文で挙げた事例と共通する選択肢を見つける「仲間探し型」もあります。

図表4-2 ——————————————————————————

●**仲間外れ型**＝どの3つが「仲間」か考える（隠れキーワードの発見）

CSV　Creating Shared Value
　　　＝共通価値の創造

❶「製品に紛争鉱物を使わない」
❷「売り上げに応じ寄付する製品」
❸「バイオマス発電事業に参入」

CSR　Corporate Social Responsibility
　　　＝企業の社会的責任

❹「ボランティア活動」

社会価値

社会価値＋経済価値　←——————　**ESG投資でより評価**

米ハーバード・ビジネススクールの
マイケル・ポーター教授が提唱

・企業価値を高める
・持続的成長につながる

その他の出題形式

- 抽象型の別パターンの群提示型、実践知識を活用
- 対応関係型、ビジネスモデルや競争戦略の知識が生きる
- 図表型は順位や並び方からルール（法則性）を抽出

　「3条件型」「仲間外れ・仲間探し型」とは別パターンの出題形式について見ます。

　抽象型の別パターンの「群提示型」は、いくつかの企業を例示してその企業群に共通する事業を選ぶ形式が代表的です。例えば第2章の入門解説で見た電気自動車（EV）は、既存の自動車業界の枠を超えて様々な企業が力を入れ、成長戦略の柱にしています。新たなテクノロジーの動きなどの実践知識から出題されやすい問題です。

　対応関係型では第1章の入門解説で見た「破壊的イノベーションと持続的イノベーション」など経営に関する知識などが生きてきます。図表型は代表的には国別の順位から何のランキングかを特定するなどです。それぞれ以下の練習問題で具体的に見ていきます。

図表 4-3

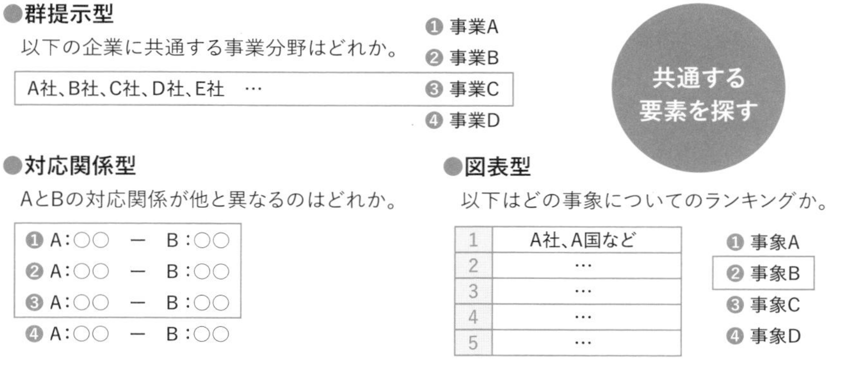

●群提示型

以下の企業に共通する事業分野はどれか。

A社、B社、C社、D社、E社　…

❶ 事業A
❷ 事業B
❸ 事業C
❹ 事業D

共通する
要素を探す

●対応関係型

AとBの対応関係が他と異なるのはどれか。

❶ A:○○　―　B:○○
❷ A:○○　―　B:○○
❸ A:○○　―　B:○○
❹ A:○○　―　B:○○

●図表型

以下はどの事象についてのランキングか。

1	A社、A国など
2	…
3	…
4	…
5	…

❶ 事象A
❷ 事象B
❸ 事象C
❹ 事象D

Q 61 以下の企業の動きの中で、狙いが他の３つと異なるのはどれか。

❶ 家具チェーンがホームセンターを買収

❷ 衣料品小売チェーンがアパレルメーカーを買収

❸ ファストフード大手が農業生産法人を設立

❹ 産業用ロボットメーカーがモーターを内製

Q 62 以下の半導体業界各社の中で、水平分業のビジネスモデルに当てはまらない企業はどれか。

❶ 英アーム

❷ 米クアルコム

❸ 韓国・サムスン電子

❹ 台湾積体電路製造（TSMC）

　選択肢❶は第2章入門解説の図表2-30にあった、2020年に家具・インテリアのニトリホールディングスがホームセンターの島忠を買収した事例です。「住まい」では重なる部分があるものの品ぞろえや店舗網に違いがある両社が融合するシナジー（相乗）効果を狙ったものです。

　他の選択肢を見ると、衣料品小売チェーンにとってのアパレル、ファストフード大手にとっての農業生産法人、産業用ロボットメーカーにとってのモーターは、それぞれの製品から見て、製品やサービスを供給するバリューチェーンの「上流」にあたる過程です。会社ごと買収したり、自ら法人をつくったり、事業部門のみ買収して内製したり、といった行動はいわゆる「垂直統合」にあたります。❷〜❹がこの垂直統合なので、狙いが他の3つと異なるのは❶です。

　選択肢の企業はいずれも第2章入門解説の図表2-22に登場しました。半導体出荷額で世界首位を争う選択肢❸の韓国・サムスン電子や米インテルは、設計から製造、販売まで1つの企業で行う垂直統合型の企業です。これに対して他の3社は、それぞれの機能に特化し他社とビジネスを分担する水平分業のバリューチェーンを構成する企業です。スマートフォンの心臓部にあたるCPU（中央演算処理装置）で世界首位の米クアルコムは、製造はTSMCなどファウンドリー（半導体の受託製造）に委託します。英アームはスマホのCPUの「設計図」の専業です。

　なお、2021〜22年に米エヌビディアがアームを買収する動きがありました。米連邦取引委員会（FTC）が反トラスト法（独占禁止法）に基づき差し止めを求めたため断念しましたが、実現していれば垂直統合です。

Q 63 円高の進行が業績にプラスになる企業（　A　）とマイナスになる企業（　B　）の組み合わせはどれか。

❶ A = JERA　　　B = 日清オイリオグループ

❷ A = TDK　　　B = エイチ・アイ・エス（HIS）

❸ A = HOYA　　　B = SGホールディングス

❹ A = レンゴー　　B = キヤノン

Q 64 金利の上昇が経営に与える影響が他の3社と反対な企業はどれか。

❶ 東京海上ホールディングス

❷ 森ビル

❸ JR東海

❹ 西武ホールディングス

　問題文で提示した条件に当てはまる組み合わせを探す、仲間探し型の問題です。まずAの条件については、電子部品のTDKや光学ガラス・半導体製造用材料のHOYAは海外売り上げ比率が高いので円高は業績にマイナス。東京電力ホールディングスと中部電力が50％ずつ出資する国内火力発電最大手のJERAと、製紙業界3位・段ボールでは最大手のレンゴーは燃料・原料の輸入で円高メリットを受ける企業です。それぞれの組み合わせ相手を見ると、食用油の日清オイリオグループは円高メリットを受ける企業、欧米での売り上げが6割近いキヤノンは円高が減益要因になる企業なので、❹の組み合わせが正解です。

　日本からの海外旅行が主力のHIS、子会社の佐川急便が宅配便国内2位のSGホールディングスはいずれも円高メリット企業です。

　金利上昇がそれぞれの企業が属する業界にどうメリット・デメリットを及ぼすかで3社と1社を分類します。森ビルは2023年、東京都港区に高さ日本一のビル・森JPタワーを中心にした巨大複合施設「麻布台ヒルズ」を開業しました。JR東海は東京―名古屋間で建設費7兆円超と見込まれるリニア中央新幹線を自力で建設しています。西武ホールディングスは鉄道、ホテル・レジャー、不動産を全国で展開しています。いずれも銀行からの借入金や社債など有利子負債が多い業界の企業で、金利の上昇は経営にデメリットです。

　これに対して東京海上ホールディングスなど損害保険業界は、保険料の収入を国内外の債券や株式、貸付で運用しています。22～23年は米金利の上昇が寄与して収益は好調、24年は国内の金利上昇も見込まれます。

Q 65

以下の企業が共通して取り組むテーマとして、最もふさわしいのはどれか。

ファーストリテイリング、ニトリホールディングス、豊田自動織機、ダイフク

① 多品種少量生産

② 脱炭素素材

③ 自動倉庫

④ グローバル物流

Q 66

以下の企業が共通して手掛ける事業として、最もふさわしいのはどれか。

JFEホールディングス、日本郵船、三菱商事、東レ、五洋建設

① 水素製鉄

② メガソーラー（大規模太陽光発電所）

③ アンモニア燃料船

④ 洋上風力発電

　群として提示されている企業がそれぞれ得意としている事業から、選択肢にあるテーマを絞り込みます。ファーストリテイリングはニトリとともに製造小売り（SPA）の業態ですが、どちらかといえば少品種多量生産が特徴です。脱炭素はどの企業にも共通しそうです。グローバル物流は第2章入門解説の図表2-28で示したファーストリテイリングの事業展開には当てはまりますが、他の企業を見ると決め手を欠きます。

　豊田自動織機はトヨタ自動車などトヨタグループの源流にあたる企業ですが、現在のビジネスではフォークリフトの世界最大手です。ダイフクは工場や倉庫内の搬送機器を手掛け、自動搬送システムは世界首位の企業として知られます。両社が関連する「自動倉庫」はネット販売が急速に増えるファーストリテイリング、ニトリにとって重要テーマです。

　JFEホールディングスは第2章練習問題Q34に登場した日本製鉄に次ぐ国内製鉄2位で、水素を石炭の代わりに使う「水素製鉄」は大きなテーマです。日本郵船も水素の運搬や、重油の代わりにアンモニアを燃料とする船などに大きくかかわります。総合商社の三菱商事はすべての分野にかかわっておかしくありません。

　企業群を後ろから見ていくと五洋建設は「5つの大洋」にちなんだ社名の通り、海洋土木が専門。東レは選択肢を眺めると、大きなものでは直径が100メートルにも達する風力発電のプロペラ（ブレード）を軽量化する炭素複合素材に思い当たります。洋上風力でJFEは基礎構造物などの鋼板、日本郵船は作業員や資材の輸送を手掛けます。三菱商事は風力発電に強いオランダ企業を買収し、国内のプロジェクトも相次ぎ受注しています。

日本の産業界で起きている以下の動きに共通するキーワードはどれか。

- 自動車部品：電気自動車（EV）シフトに対応し投資
- 医薬品：化学合成薬からバイオ薬への転換で注力
- 電機：ジョブ型雇用の全社拡大に対応して推進

❶ グリーントランスフォーメーション（GX）

❷ オープンイノベーション

❸ リスキリング

❹ ファクトリーオートメーション（FA）

以下の企業の取り組みに共通するキーワードはどれか。

- アパレルメーカーが製品のトレーサビリティー強化
- 飲料メーカーがフェアトレード認証の茶葉を調達
- 日本のビールメーカーがミャンマーでの生産から撤退

❶ 環境経営

❷ CSV（共通価値の創造）

❸ 人権デューデリジェンス

❹ 地政学リスク

　最初の条件のみだとグリーントランスフォーメーション（GX）ですが、2条件目以降には環境の要素はありません。オープンイノベーションは2条件目までには当てはまりそうですが3条件目とのかかわりは見当たりにくく、ファクトリーオートメーション（FA）も最初の条件には若干かかわりそうですが、2、3条件目にはかかわりません。

　リスキリング（学び直し）は、それぞれの条件文の字句からは一見、かかわりが薄そうに見えますが、自動車部品メーカーにとって、動力がエンジンからモーターに変わる中では従業員の再教育が必要です。薬の作り方が化学合成からバイオに変わる2条件目も同様です。大企業がメンバーシップ型雇用からジョブ型雇用に人事制度を変える中で重視され、電機業界では日立製作所や富士通がグループ全体で取り組んでいます。

　最初の条件は原料の生産や縫製などがどこでどう行われたか明らかにすること、2条件目は生産者に配慮した公正な価格などによる取引のことです。選択肢❶の「環境経営」と例題解説でも取り上げた❷の「CSV」はここまでには当てはまります。3条件目はミャンマーで2021年に起きた国軍のクーデターと人権弾圧に伴いキリンホールディングスが同国で運営していたビールの合弁生産から撤退した事例です。❹の「地政学リスク」は当てはまりますが、他の条件には当てはめにくいキーワードです。

　3つに共通するのは人権デューデリジェンス（Due Diligence）で、自社のビジネスのサプライチェーン（供給網）の中に人権に関するリスクがないかどうかを調べ、リスクを抑えることです。アパレルの原料の綿や茶葉などでは強制労働や児童労働の存在が指摘されています。

Q 69 以下の企業の動きに共通するキーワードはどれか。

- アパレル、雑貨、化粧品などで専用ブランドが登場
- 百貨店が展開する「売らない店」にも出店
- カナダ発の電子商取引構築支援企業が世界で業務拡大

① オムニチャネル

② D2C（ダイレクト・ツー・コンシューマー）

③ ライブコマース

④ マーケティング・オートメーション

Q 70 以下の事例に共通する、ビジネスや社会課題を解決するソーシャルマーケティングに応用される行動経済学の考え方はどれか。

- 注文してもらいたいメニューに「店長おすすめ」を表示
- 容器を捨てるのがもったいないデザインにして再利用を促進
- EV充電スポットに「昼間なら環境負荷が低い」と表示

① ナッジ理論

② アンカリング効果

③ プロスペクト理論

④ フレーミング効果

　「売らない店」は高島屋が2022年から東京・新宿店などで展開した「ミーツストア」が代表例。店にはサンプルを置き、商品はオンラインで購入してもらいます。これだけだと選択肢❶に近いOMO（オンラインとオフラインの融合）ですが、同ストアに「出店」するのはネットで消費者に直接商品を売るD2C企業が多く、アパレル、化粧品などでD2C専用ブランドの展開が目立ちます。米アマゾン・ドット・コムなどネット通販のプラットフォームを通さないのがポイントで、中間マージンを省くだけでなく、ブランドのファンづくりや顧客データ収集などでも利点があります。

　「カナダ発のEC構築支援企業」とはD2Cサイトの構築や顧客データの管理、決済などの機能を提供するショッピファイのことで、170以上の国・地域で業務を展開し、「アマゾンキラー」とも呼ばれます。

　ナッジとは「軽く肘でつつく（nudge）」の意味で、ちょっとしたきっかけで人々の選択を望ましい方向に向かわせることをいいます。注文してほしいメニューの選択を促す最初の条件や、化粧品メーカーが詰め替え商品で環境保全に貢献する2条件目のような事例が代表的です。3条件目は「昼間は太陽光など再生エネルギーで発電した電気を活用できるので夜間より環境負荷が低い」ことをデータで示して昼間の充電を促すもので、環境庁が2023年夏に実証実験をしました。ナッジはこのようにビジネスだけでなく社会全体を考えた行動変容を促す試みにも応用されています。

　アンカリング効果は「通常価格より何％オフ」といったお得感、プロスペクト理論は「今だけ何％オフ」など損失回避、フレーミング効果は「鰻重に松竹梅があれば竹が売れる」といった見せ方・表現のことです。

Q 71

2023年の実質経済成長率（前年比）と経常収支の状況が以下の表のようになっているA〜D国の組み合わせはどれか。成長率は2023年10月発表のIMF世界経済見通し。

	経済成長率	経常収支
A	+2.1%	赤字
B	+5.0%	黒字
C	+6.3%	赤字
D	+2.0%	黒字

❶ A＝米国　　B＝インド　　C＝中国　　　D＝日本

❷ A＝日本　　B＝中国　　　C＝インド　　D＝米国

❸ A＝米国　　B＝中国　　　C＝インド　　D＝日本

❹ A＝日本　　B＝インド　　C＝中国　　　D＝米国

Q 72

売上高と営業利益が以下の表のようになっているA〜C社の組み合わせはどれか。2023年3月期決算。

	A社	B社	C社
売上高	5兆6717億円	9兆1904億円	3兆9815億円
営業利益	1兆757億円	3408億円	3770億円

❶ A＝丸紅　　　　　　B＝ダイキン工業　　C＝KDDI

❷ A＝ダイキン工業　　B＝丸紅　　　　　　C＝KDDI

❸ A＝KDDI　　　　　B＝丸紅　　　　　　C＝ダイキン工業

❹ A＝ダイキン工業　　B＝KDDI　　　　　C＝丸紅

　図表にある数字や特徴にあった組み合わせを選びます。第2章までに見た各国のマクロ経済の特徴の知識を使って考えます。実質経済成長率から見ると5％を超すB国とC国、2％程度とあまり変わらないA国とD国に分かれます。経常収支を見るとA国は赤字です。ここでC国も赤字ですが、成長率が6.3％と高く、A国は米国、C国は成長率から見てインド、B国は中国と判断できます。当てはまる組み合わせは❸です。

　なお、中国は大幅なモノの貿易黒字で経常収支の黒字を維持（サービス収支と第1次所得収支は赤字）しています。インドはモノの貿易の大幅な赤字により経常収支は慢性的に赤字ですが、米国などからのビジネスのアウトソーシングによるサービス収支と海外のインド人からの送金による第2次所得収支の黒字で赤字幅を縮める収支構造になっています。

　この問題も、第2章までに見た売上高と利益の関係や業界の知識を使って考えます。3社は売上高を見ると9兆円台、5兆円台、3兆円台と差がありますが、営業利益ではB社とC社が同じ3000億円台です。第1章の図表1-25で見たように総合商社は売上高の規模が大きく、最大手の三菱商事は約22兆円です。B社は図表1-25で売上高15位だった丸紅です。A社の営業利益は1兆円あまりと突出しています。製造業だと営業利益が1兆円を超えるのはトヨタ自動車とソニーグループのみです。通信各社は営業利益率が高く、A社はKDDIと判断できます。

　ダイキン工業は産業用・家庭用の空調（エアコン）の国内・世界最大手メーカーです。欧州に続き米国でもシェア首位をうかがうほか、2023年には成長市場であるインドでも新工場を稼働したグローバル企業です。

Q 73 世界シェア上位の企業の本社所在地が以下のようになっている製品の組み合わせはどれか。

	A		B		C
①	米国	①	ベルギー	①	米国
②	日本	②	オランダ	②	オランダ
③	中国	③	デンマーク	③	米国
④	米国	④	中国	④	日本

（資料）日本経済新聞社「主要製品・サービスシェア調査」2022年

❶ A＝建設機械　　　　B＝半導体製造装置　　C＝ビール

❷ A＝半導体製造装置　B＝ビール　　　　　C＝建設機械

❸ A＝ビール　　　　　B＝半導体製造装置　　C＝建設機械

❹ A＝建設機械　　　　B＝ビール　　　　　C＝半導体製造装置

4 知識を知恵にする力

Q 74 自動車の次世代技術・サービスのキーワード「CASE」の4つの構成要素に関連の深い日米の企業を1社ずつ当てはめる場合、最もふさわしい組み合わせはどれか。

C (Connected)	A (Autonomous)	S (Shared & Service)	E (Electric)
(　　)	(　　)	(　　)	(　　)

❶ C＝パナソニック　A＝ウーバー　S＝マイクロソフト　E＝エヌビディア

❷ C＝エヌビディア　A＝パナソニック　S＝ウーバー　E＝マイクロソフト

❸ C＝ウーバー　A＝エヌビディア　S＝マイクロソフト　E＝パナソニック

❹ C＝マイクロソフト　A＝エヌビディア　S＝ウーバー　E＝パナソニック

　AとCには日本企業が入っています。米企業はAとCで首位ですが、Bにはありません。中国企業はCになく、オランダ企業がBとCの2位に入っているのも目立ちます。トップ2がベルギーとオランダという特徴から見るとBはビール。首位の企業はアンハイザー・ブッシュ・インベブで、「バドワイザー」で知られる米国のアンハイザー・ブッシュを2008年にベルギーのインベブ社が買収し、さらに16年に当時2位だった英SABミラーも買収し世界シェアは25％超となっています。これに続くのがオランダのハイネケン、デンマークのカールスバーグ、中国の最大手・華潤ビールで、日本のアサヒグループホールディングスは7位です。

　Cのオランダ企業は第2章の図表2-22にあったASMLで、半導体製造装置。Aは米キャタピラーに続き日本のコマツが入る建設機械です。

　複数に当てはまる企業もありますが、最もふさわしい1社に絞ります。分かりやすいのはライドシェアの米ウーバーテクノロジーズで、「S」が同社と分かれば選択肢②か④に絞られます。自動運転がパナソニックホールディングスか米エヌビディアかと考えると「A」は世界の自動車メーカーと自動運転技術で提携している人工知能（AI）向け半導体のエヌビディア。パナソニックは自動車部品の子会社を売却しましたが、電気自動車（EV）向け電池は成長領域に位置付けており、同社が「E」です。

　「C」のコネクテッド＝つながる車は第2章入門解説で見たように、これからの自動車業界の収益の柱と期待される分野です。クラウド基盤としてマイクロソフトの「アジュール」やアマゾン・ウェブ・サービス（AWS）のクラウドサービスが活用されています。

Q 75

経済協力開発機構（OECD）加盟国を対象にした以下のランキングが示しているのはどれか。このランキングで日本は30位。

①	アイルランド	⑥	スイス
②	ノルウェー	⑦	スウェーデン
③	ルクセンブルク	⑧	オーストリア
④	デンマーク	⑨	米国
⑤	ベルギー	⑩	アイスランド

❶ 1人当たり国内総生産（GDP）

❷ 時間当たり労働生産性

❸ 法人税の実効税率

❹ 観光競争力

Q 76

以下のグラフは、選択肢の4カ国の就業者と管理職に占める女性の割合を示す。A〜D国に当てはまる組み合わせはどれか。

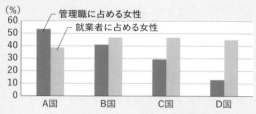

（資料）内閣府「男女共同参画白書」令和5年版、各国の2021または22年

❶ A＝米国　　　　B＝フィリピン　C＝ドイツ　　　D＝日本

❷ A＝ドイツ　　　B＝米国　　　　C＝日本　　　　D＝フィリピン

❸ A＝日本　　　　B＝ドイツ　　　C＝フィリピン　D＝米国

❹ A＝フィリピン　B＝米国　　　　C＝ドイツ　　　D＝日本

　上位国の顔ぶれは1人当たりGDPと似ていますが、1人当たりGDPなら首位常連であるルクセンブルクが3位です。法人税の実効税率はグローバル企業が本社や拠点を置くことが多いアイルランドは低いはずです。正解は「時間当たり労働生産性」で、日本生産性本部が毎年、OECDのデータに基づき為替の影響を取り除いた購買力平価ベースで計算しています。日本は2022年のランキングでOECD加盟38カ国中30位と過去最低でした。分母に当たる労働時間の長さより、分子である日本全体で生み出す付加価値が伸び悩んでいることが大きな原因です。

　なお、観光競争力は世界経済フォーラム（WEF）が隔年で発表しており、22年に発表された21年のランキングで日本が米国やスペイン、フランスなどを抑え、初めて首位になりました。

　就業者に占める女性の比率を見るとあまり差はありませんが、管理職に占める女性の比率はA国が50％を超える一方、D国は10％台です。管理職の比率から見ると国際的に低いとよく指摘される日本がD国とすれば、選択肢❶か❹に絞られます。

　A国は就業者に占める女性比率が4カ国の中で最も低い特徴もあります。当てはまるのはフィリピンです。同国は世界経済フォーラム（WEF）が発表しているジェンダーギャップ指数で2023年、世界で16位（日本は125位）、アジアでは首位でした。過去にアジア初の女性大統領が誕生したり議員の一定割合を女性にするクオータ制を導入したりといった政治分野での女性の活躍のほか、大家族による子育て環境やメイドなど家事サービスの普及などが女性管理職が多い背景として挙げられます。

Q 77

「経済安全保障」の観点から、他の3つと主な目的が異なると考えられるのはどれか。

❶ 米テスラ：テキサス州に自前のリチウム精錬工場を建設

❷ ニデック：メキシコに北米向け電気自動車（EV）駆動装置の生産拠点

❸ デンソー：北海道で次世代半導体生産を目指すラピダスに出資

❹ 富士フイルム：富山県にバイオ医薬品の開発製造受託（CDMO）の拠点

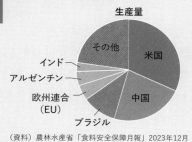

Q 78

2023〜24年度の生産量と輸出量が以下のグラフのようになっている農産物はどれか。

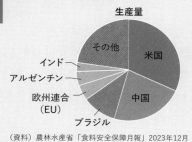
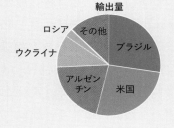

生産量：その他、米国、中国、ブラジル、欧州連合（EU）、アルゼンチン、インド

輸出量：ロシア、その他、ブラジル、ウクライナ、米国、アルゼンチン

（資料）農林水産省「食料安全保障月報」2023年12月

❶ 小麦

❷ トウモロコシ

❸ 大豆

❹ 牛肉

「経済安全保障」を手掛かりに各選択肢を見ると、米テスラの事例は重要鉱物の加工地が中国に集中する中で米国内で加工できるようにする動き。自動車部品のデンソーが出資したラピダスも台湾有事を想定して米国も協力し、日本に次世代半導体の生産拠点を置く動きです。富士フイルムホールディングスの事例は自動車が絡む❶〜❸と分野は異なりますが、バイオ医薬品の1つである抗体医薬品は約9割が海外で生産されており、国内にCDMOの拠点をつくることは経済安全保障に当てはまります。

ニデックの事例は自動車関連という点では❶、❸と共通しますが、中国向けは中国、欧州向けは欧州で現地生産してきた同社の地産地消戦略の一環です。メキシコでの生産は米バイデン政権が北米で生産したEVに限定して補助金を出す購入支援策を導入したことにも対応した動きです。

2022年から始まったロシアのウクライナ侵攻では両国が主な輸出国である小麦に供給不安が生じ、食料安全保障に関心が集まりました。問題文のグラフの輸出量を見ると両国は下位、生産量を見ると小麦なら欧州連合（EU）が多いはずなので、小麦ではありません。牛肉であればやはりEUの生産量が多いはずで、大豆であれば中国の生産量シェアは5％程度に過ぎず、大量に輸入しています。当てはまるのはトウモロコシです。

トウモロコシは飼料用需要が大きく、中国は自国産でまかなえず世界の輸入量の約12％、日本も約8％のシェアを占めます。輸出国である米大陸の国々には干ばつなど異常気象をもたらすエルニーニョ現象（南米ペルー沖の海面水温上昇）がしばしば影響するほか、脱炭素でバイオ燃料向け需要が拡大しているため、価格が変動しやすい穀物です。

Q 79

最近の企業によるビジネス展開で、AとBの関係が、他の3つと異なるのはどれか。

❶ A＝家電　　　　　　B＝家具

❷ A＝住宅ローン　　　B＝火災保険

❸ A＝スマートフォン　B＝高性能ワイヤレスイヤホン

❹ A＝スポーツジム　　B＝コンビニジム

Q 80

生成AI（人工知能）が強みを発揮する分野として、ふさわしくないと考えられるのはどれか。

❶ カスタマーサポートの負荷軽減

❷ 膨大なデータに基づく事実確認

❸ 文章の要約や正確な多言語翻訳

❹ 新製品やサービスの紹介文作成

　例題解説の「その他の出題形式」で挙げた「対応関係型」です。選択肢について具体例を挙げると、❶は大塚家具を買収したヤマダホールディングス、❷は地方銀行など金融機関一般、❸はアップルのiPhoneとAirPodsなどです。顧客が購入を希望する商品と組み合わせて使うことのできる商品の購入を促す、いわゆる「クロスセル」の関係です。

　選択肢❹は2023年の「日経MJヒット商品番付」で「東の小結」にランクインした、RIZAPグループが展開する「RIZAP」と低価格ジム「chocoZAP（チョコザップ）」のケースです。チョコザップはサービスの本格展開から1年強で会員数が100万人強になりました。クロスセルでないのは明らかで、従来運動習慣がなかった層を新しく取り込んだブルーオーシャン（未開拓市場）戦略と評価されています。

　オープンAIがChatGPTを2022年11月に公開して以来、生成AIの活用が急速に進んでいます。オンライン販売などのカスタマーサポートで顧客の質問に自然に回答したり、文章を要約したり、新製品やサービスの紹介文を作成したりといった、定型・標準的なアウトプットが重視される分野では、既に生成AIの活用が急速に広がり始めています。

　AIの特徴や自ら学習する仕組みについては第3章入門解説で取り上げました。生成AIが質問に答えるときに行っているのは、過去の膨大な文章を読み込んだ結果から、質問に続く確率の高い文字列をアウトプットすることとされます。このためハルシネーション（幻覚）と呼ばれる「もっともらしいが事実と異なる内容」を答えることも多くなります。日進月歩の技術ですが、「事実確認」はまだふさわしくないと考えられます。

第 5 章

知恵を活用する力

Deduction

前章では「知識を知恵にする力」を試しましたが、この章ではその「知恵」や、知っておくべきルールを個別の事象に適用し、結論を導き出す力を問います。いわゆる演繹法（Deduction）に基づく推論力を試す問題です。ある事象が起きたときに原因や結果を推論したり、ある条件が与えられたときの対応策を考えたりする問題が多くなります。

代表的な出題形式としては、ルール（因果関係）を当てはめるとどうなるかを考える「帰結型」と、その逆の「理由・原因型」。与えられた条件からその対象やふさわしい施策を考える「具象化型」「特定型」などがあります。例題方式で解説していきます。

帰結型

- ● ルールを当てはめて正解を導くのが「演繹的推論力」
- ● ニュースの原因・背景を意識し、法則性をつかむ
- ● 金融市場は「リスクオン」「リスクオフ」で読む

例題1 世界経済の先行きのリスクを高めるニュースが流れた際の国際金融・商品市場の動きとして、想定しにくいのはどれか。

❶ 日経平均株価の下落

❷ 東京外国為替市場での円高

❸ ロンドン市場での銅価格の下落

❹ ニューヨーク市場での金相場の下落

最初に、「帰結型」の出題形式について見ます。日経TESTでよく出題される、金融市場の動きをテーマにした問題です。

帰結（結果）として「起きること」を選ぶのが素直ですが、この例題は「結果として想定しにくいこと」を選ぶパターンです。ルール（因果関係）を当てはめて考えます。金融市場について覚えておきたいのが、お金の流れを左右する「リスクオン」と「リスクオフ」です。

リスクオンは、経済に明るい見方が広がり、株式や商品など値動きの大きい「リスク資産」にお金が集まりやすい局面です。設問の「先行きのリスクを高めるニュースが流れた」は、その反対のリスクオフの局面です。リスク資産は値下がりが懸念されるため売られます。

この因果関係を当てはめて選択肢を見ていくと、まず株価はリスクオフの局面では売られるので下がります。日本の通貨・円は2022年から大幅な円安が続いているものの、世界の通貨の中では比較的「安全通貨」とみられています。23年10月に起きたイスラエルとパレスチナのイスラム組織ハ

マスの衝突の局面でも円買いの動きがありました。「安全」と評価される度合いはかつてより低くなったものの、「円高」に動く方が想定しやすいといえます。

　銅はロンドン金属取引所（LME）で取引される1トン当たりの3カ月先物価格が国際指標です。世界の景気動向を先取りする商品でもあり、リスクオンの局面では買われやすく、リスクオフの局面では売られやすくなります。

　金は希少性が高くそれ自体で価値を持ち、リスクオフの局面ではお金の「逃避先」になりやすい商品です。最近の動きを見ると20年の新型コロナウイルスの感染拡大、22年のロシアのウクライナ侵攻の局面で一時1トロイオンス＝2000ドル台に上昇し、中東情勢の緊張が続いた23年12月には2100ドルを突破し、3年4カ月ぶりに過去最高値を更新しました。リスクオフの局面での相場下落は想定しにくく、選択肢④がこの例題の正解となります。

　なお、金の価格が上昇している大きな背景としてはもう1つ、ロシアのウクライナ侵攻をきっかけに、西側と距離を置くグローバルサウスなど新興国の中央銀行が外貨準備としてドルを持つリスクを意識し、「国籍」がない金を保有する動きを強めていることがあります。地政学リスクの高まり・世界の分断を映した動きです。

図表 5-1

●**帰結型**＝ルール（因果関係）を当てはめる

リスクオン	「金融市場の動き方」の 経験則	リスクオフ
明るい見方が広がる	経済の先行き	不安が高まる
値上がり期待で買い	リスク資産 （株や国際商品）	値下がり懸念で売り
売られやすい	リスクオフ資産 （安全資産 ＝金、国債、円）	買われやすい

具象化型

- 設問にふさわしい施策はどれかを選ぶのが典型的形式
- 経済や経営の「大きな流れ」をつかんでおく
- 政策も経営も正解は1つではないが、「妥当解」を選ぶ

例題2 デジタルトランスフォーメーション（DX）に取り組む日本の大企業の対応として、最も適切と考えられるのはどれか。

❶ 手持ちの人材と事業を育てる視点で「自前主義」を貫く。

❷ 業務システム構築では部門ごとのカスタマイズより、全社での標準化を優先する。

❸ 商品開発では顧客から吸い上げた情報より、独創的な発想や技術を重視する。

❹ 全体方針にトップは口を出さず、担当者に全権委任する。

2つ目に、「具象化型」の出題形式について見ます。こちらも日経TESTでよく出題される形式です。

この形式の出題で取り上げるテーマは、経済や経営の大きな流れ（トレンド）に沿ったものが多くなります。前者であれば少子高齢化を受けた政府の政策、後者であれば「人的資本経営」などで、この例題で取り上げているデジタルトランスフォーメーション（DX）は日本企業が直面する大きな課題の1つです。

デジタルトランスフォーメーションをDXと略すのは英語で「トランス」を「X」と略すことからで、「変革」をするというのが肝です。デジタル技術を使うだけでは従来のいわゆる「IT化」にとどまります。

日本の企業のDXへの対応は欧米だけでなく中国やアジアの企業に対しても遅れていると指摘されます。DXのD＝情報システム化では先駆けま

したが、一世代前のシステムで構築されているために、複雑化、老朽化、ブラックボックス化し、大企業ほどDXへの機動的な対応が難しくなっていると指摘されます。

選択肢①の自前主義はDXに限らず日本の大企業が陥りやすかった傾向で、DX時代にはクラウドの積極的な活用などを含めた「脱自前主義」が求められるとされます。選択肢②については部門ごとの最適化に陥りやすかったので、DXでは全体最適を意識するように求められています。選択肢③については商品開発では顧客データを利活用することがDXの特徴で、独創的な製品を生み出すプロダクトアウトより、顧客中心のマーケットインが大きな流れです。選択肢④についてはDXを主導する経営者は現場任せにせず大きなビジョンを描き、その達成をリードする役割が求められています。

このように「大きな流れに沿っているか」という視点で選択肢を見ると、最も適切と考えられるのは、選択肢②です。

この形式の問題で悩みやすいのは、「プロダクトアウトがうまくいく例もある」「経営トップが口を出し過ぎ失敗する例もある」などと考えてしまうことです。政策も経営も正解は1つではないので、「妥当な解」を選ぶのがコツです。「正しいのは」ではなく「最もふさわしいのは」「最も適切なのは」という設問文は「妥当解」を求めています。

図表5-2 ————————————————

●**具象化型**＝ルール（大きな流れ・方向）に沿っているか

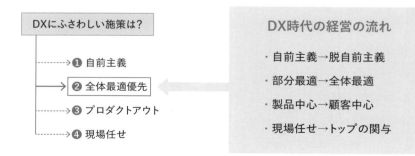

その他の出題形式

- 原因・理由型は帰結型の逆、マーケットが動いた理由に注目
- 具象化型の逆のパターンも、企業の動きの背景を意識
- グラフを使った出題は「水準」や「勢い」に着目

　別パターンの出題形式について見ます。「原因・理由型」は「帰結型」の逆です。例題1ではある動き（ニュース）が金融市場の動きにどのように結びつくか（帰結）を考えましたが、この形式では例えば東京外国為替市場で円安が進んだときに何が原因（理由）になったかを考えます。正解以外の選択肢は因果関係がなかったり、逆（円高）の要因になったりするものです。「具象化型の逆」のパターンもあり、ある企業がとった経営施策の理由として妥当または妥当でないものを選びます。それぞれマーケットや企業の動きの理由や背景を普段から意識しておくことが大事です。

　「特定型」は設問で提示した動きに当てはまるものを選ぶもので、グラフを使った出題の場合は縦軸にある金額や比率と、その上がり方（下がり方）の勢いから正解を選びます。以下の練習問題で具体的に見ていきます。

図表 5-3

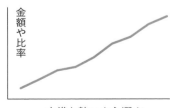

●原因・理由型

東京市場で円安が進んだ
原因はどれ？

❶ 日経平均の下落

❷ 米金利の上昇 ──→ 円安（帰結）

❸ 金相場の下落

❹ ウクライナ情勢

因果関係が最も強い

●特定型（グラフ）

以下のように推移した
指標はどれ？

金額や比率

水準と勢いから選ぶ

Q 81 米国の政策金利が引き下げられる局面で、最も起きやす
いと考えられるのはどれか

❶ 東京外国為替市場での円安

❷ 米ダウ平均株価の上昇

❸ 金の先物価格の下落

❹ 新興国通貨の対ドル相場の下落

Q 82 原油価格が上昇する要因になると考えられるのはどれか。

❶ 中国の経済成長の鈍化

❷ 石油輸出国機構（OPEC）の足並みの乱れ

❸ インドでの電気自動車（EV）普及

❹ 米国でのシェールオイルの生産効率低下

A | 81 | — ❷

　例題1と同じ帰結型です。円相場について例題ではリスクオフの要因を取り上げましたが、為替が動く要素としてはもう1つ、日米の金利差があり、米国が金利を下げれば、金利差縮小→円買い→円高につながります。金については一般に、米国の金利が上がればドルにお金が流れて下落、金利が下がれば上昇する要因です。ブラジルやアルゼンチンなど新興国通貨の対ドル相場は米金利が上がれば売られ下落、米金利が下がれば買われ上昇する関係にあります。以上に関する選択肢❶❸❹の記述は問題文により起きやすくなることと逆です。

　株価と金利については第1章の入門解説でも説明しました。金利が下がればお金が借りやすくなるので事業が拡大でき、株価は上昇するというのが一般的な関係で、選択肢❷が最も起きやすいと考えられます。

A | 82 | — ❹

　原因・理由型の問題です。まず需要の要因から整理すると、選択肢❶の中国の経済成長は、加速するほど原油価格上昇に結びついてきました。成長の鈍化は原油価格下落の要因です。❸についてはインドも新車発売台数で米中に次ぐ世界3位の自動車市場になっており、同国でのEV普及はガソリン需要の減少＝原油価格下落要因です。供給の要因を見ると選択肢❷の「OPECの足並み」は、正式加盟国ではないがOPECに協調するロシアも含めた減産が2022〜23年の原油高の背景でした。23年末にサウジアラビアによる生産枠の削減要請にアフリカ諸国が反発してアンゴラがOPEC脱退を決めるなど足並みの乱れで、原油価格は下落しました。

　世界最大の産油国となった米国のシェールオイルは、生産効率が低下すれば供給量が減るため、価格が上昇する要因です。

Q 83 2023年も歴史的な高値を続けた金の需給に関する説明として、間違っているのはどれか。

❶ 鉱山開発が活発化し新規採掘量が増えている。

❷ 各国の中央銀行の金保有が増えている。

❸ 中国やインドの個人の宝飾用需要が堅調である。

❹ 地政学リスクの増大で売らずに保有する人が多い。

Q 84 世界の経済動向を敏感に反映する銅の国際価格が、下がる要因になると考えられるのはどれか。

❶ 米国での長短金利逆転の発生

❷ 南米チリの鉱山でのストライキ

❸ 中国の不動産市況の改善見通し

❹ 世界の産業界の「脱炭素」加速

　金については第3章練習問題Q54でも見ました。地球に残された埋蔵量は米地質調査所（USGS）推定で約5万トン、最近の採掘ペースだとあと20年足らずで堀り尽くすともいわれます。採掘量が増えていれば供給が増え価格は下がるはずで❶が間違いです。実際、インフレによる生産コスト増と金利上昇で世界の鉱山投資は先細り傾向、新規採掘量は頭打ちです。

　ロシアや中国など各国中央銀行が金保有を増やし、22年の世界の中銀による金の純購入量（購入－売却）は統計を遡ることができる1950年以降で最高でした。宝飾用の需要は金需要全体の半分を占め、世界で最も金の宝飾品を購入するインドのほか、経済の先行きが不透明な中国では「安全資産」として若者層にも購入が広がっています。地政学リスクの増大で売らずに保有を続ける人が多いことも高値の理由です。

　銅の価格は需給要因のほか世界経済の動きを先取りして動き、景気の診断役となる「ドクター・カッパー（copper＝銅）」の異名も持ちます。選択肢❷❹は需給要因で、主産地であるチリでのストライキは供給減による価格上昇要因。銅は人類が最初に利用した金属ともいわれる用途が広いベースメタルですが電気自動車（EV）のモーターや太陽光パネルの電極などにも大量に使われ、「脱炭素」も価格が上がる要因です。

　中国の不動産市況は低迷していますが、改善の見通しが立てば銅の大需要国である中国の景気回復につながると見られるため、❸も価格が上がる要因です。❶の米国の長短金利逆転とは、期間が短い米国債利回りが、長いものを上回る異例の状態のことで「逆イールド」と呼びます。景気後退のサインであり、銅の価格が下がる要因です。

Q 85 原油価格の上昇が経済の追い風になる国として、最もふさわしいのはどれか。

❶ ブラジル

❷ オーストラリア

❸ トルコ

❹ 南アフリカ

Q 86 以下の事象が業績に大きく影響する企業の組み合わせとして、当てはまるのはどれか。

A：中国の個人消費　　　B：米アップルの業績
C：インドの経済成長率　　D：ユーロ高の進行

❶ A＝村田製作所　B＝資生堂　　C＝スズキ　　D＝サイゼリヤ

❷ A＝資生堂　　　B＝村田製作所　C＝スズキ　　D＝サイゼリヤ

❸ A＝村田製作所　B＝資生堂　　C＝サイゼリヤ　D＝スズキ

❹ A＝資生堂　　　B＝村田製作所　C＝サイゼリヤ　D＝スズキ

　選択肢は20カ国・地域首脳会議（G20）メンバーでもある国々です。ブラジル、オーストラリア（豪州）、南アフリカは資源国、トルコは非資源国ですが、資源3カ国も産出する資源が異なります。豪州は石炭、鉄鉱石、天然ガスが3大資源で、原油とともに天然ガス価格も上がればメリットがありますが、原油高は鉄鉱石の主な輸出先である中国経済に悪影響を及ぼし、追い風ともいえません。南アフリカもプラチナなど鉱物資源が豊富ですが原油輸入国、トルコはもともと非資源国なので逆風です。

　追い風になるのはブラジルです。かつて中南米の産油国といえばメキシコとベネズエラでしたが2010年代半ばに追い越し、22年は世界9位（第2章入門解説の図表2-16）の産油国です。サウジアラビアが同国を石油輸出国機構（OPEC）プラスに招待するなどの動きもあります。

　経済のグローバル化が進む中での海外の出来事と日本企業の業績との関係です。中国経済の動向は村田製作所にも資生堂にもかかわりますが、「個人消費」に着目すると化粧品輸出が伸びている資生堂がA、アップルのiPhoneの部品を供給している村田製作所がBで、その組み合わせから❷か❹に絞られます。ここでCとDを見ると、子会社のマルチ・スズキを通じインドの乗用車市場で約4割のシェアを持ち首位のスズキがC、イタリアからパスタ、チーズなどを輸入する外食チェーンのサイゼリヤは円安ユーロ高が影響するのでDで、❷の組み合わせが正解です。

　デンマークやスペイン産の豚肉を輸入するプリマハムなどの食肉メーカーや、欧州連合（EU）との経済連携協定（EPA）発効で欧州ワインの販売を強化していたイオンなどの小売業はユーロ相場が影響する企業です。

Q 87 上場企業Ａ社が「営業・経常利益は前の期に比べ増えたが、最終損益は赤字だった。配当は期初予想通り実施する」という決算を発表した。Ａ社の経営状況として最もふさわしい説明はどれか。

❶ 本業は好調だが、銀行借入金の利払い負担が重い。

❷ 本業が好調なうちに、採算が悪い事業を整理した。

❸ 本業は不振だが、保有する不動産の賃貸収入が好調だ。

❹ 保有株の売買で損失を出したが、閉鎖した工場跡地の売却益で補った。

Q 88 本業が好調で成長事業に思い切った投資をしている新興企業のキャッシュフロー（CF）の一般的な状況として、当てはまるのはどれか。

❶ 営業CF＝＋　　投資CF＝＋　　財務CF＝＋

❷ 営業CF＝＋　　投資CF＝－　　財務CF＝－

❸ 営業CF＝－　　投資CF＝－　　財務CF＝＋

❹ 営業CF＝＋　　投資CF＝－　　財務CF＝＋

　損益計算書に関する知識を使って考えます。営業利益が前の期に比べ増えたのは本業が好調であるということなので、❶❷あるいは営業利益に言及がないものの❹に絞られます。❶のように借入金の負担が重ければ経常利益は減るはずなので、この選択肢はふさわしくありません。❹も保有株で損失を出せば経常利益が減るはずです。❷の「本業が好調なうちに、採算が悪い事業を整理した」は、「配当は期初予想通り実施する」という問題文の記述とも整合します。

　問題文にぴったりの事例はありませんが、「業績を順調に伸ばしてきた会社が新規分野開拓のためM＆A（合併・買収）を行ったが見込み違いと分かり、買収価格を大きく下回り特別損失が出て最終赤字に転落するものの今のうちに損切りした」といったストーリーが考えられます。

　キャッシュフロー計算書に関する知識を使って考えます。本業が好調であれば営業CFはプラスのはずなので、選択肢❸は当てはまりません。投資CFは投資をしていればお金は出ていくのでマイナスで、❷か❹に絞られます。ここで、第1章の練習問題Q12で見たように成長ステージにある会社であれば投資CFが営業CFを上回る（フリーキャッシュフローがマイナス）はずで、その分は財務キャッシュフローのプラス（借入金や増資）で埋めているはずです。以上から、当てはまる組み合わせは❹です。

　❷のように財務CFがマイナスなのは、投資が先行し過ぎてそれをまかなう資金調達ができない状態。❸は本業好調で投資やそれに見合った資金調達はできていても、売掛金の入金が追い付かず仕入れ代金や給与の支払いに行き詰まり「黒字倒産」に陥りかねない状態とも考えられます。

Q 89 株式を上場する企業が非上場化する、経営陣が参加する買収（MBO）や従業員による買収（EBO）について、間違っている記述はどれか。

❶ 他社からの企業買収の防衛策としても活用される。

❷ 非上場化した後に再上場することはできない。

❸ 中長期の視点で改革に取り組むことができる。

❹ 投資ファンドや銀行が関与する事例が多い。

Q 90 大企業の社員が所属企業を辞職することなくスタートアップを設立し自ら出向する「出向起業」が増えている。これについて、当てはまる記述はどれか。

❶ 所属企業の本業の戦略領域とのシナジーを重視する分野が大半だ。

❷ 企業が20％以上出資すれば国から補助金を受けられる制度がある。

❸ 新しい事業に外部資金を活用できるメリットがある。

❹ 企業の人材育成策とは切り離して取り組むべきとされる。

5

知恵を活用する力

　2023年はベネッセホールディングス、大正製薬ホールディングスなど大型MBOが相次ぎました。いわゆる物言う株主（アクティビスト）からの短期的な業績向上要求圧力などが背景にあり、MBOは株価や株主への利益配分にとらわれず中長期の改革に取り組めるメリットがあります。上場廃止後に再上場する道もあり、外食のすかいらーくホールディングスや、米国ではパソコンのデル・テクノロジーズなどの事例があります。

　買収資金は投資ファンドや銀行が経営陣に提供するのが一般的です。最近の事例ではホテルチェーンのユニゾホールディングスが19年、エイチ・アイ・エス（HIS）からの同意なき買収を防ぐ目的で米ファンドと組み、日本の上場企業初となるEBOが成立しました。ただし同社はその資金の返済が重荷となり23年に民事再生法の適用を申請しています。

　大企業がなぜ出向起業の制度を設け、国も補助金で後押ししているのかという視点から考えます。この制度を設ける企業は分野的には「本業以外」への伸びしろ開拓と、幹部候補の人材に従来の経営学修士号（MBA）留学などの研修にはない実務経験を積ませることを目的にしています。この点で選択肢の❶と❹は排除されます。経済産業省は2020年度から出向起業に最大2000万円を補助する制度を設けましたが、日本では大企業に集まりがちな人材を活用して「新しい事業」を起こしてもらうのが目的です。会社が20％以上出資していると関係会社として経営の自由度が制限されるので、20％未満に制限しており、❷の記述と反対です。

　以上の消去法でも残るのが❸ですが、外部資金を集められる事業を組み立てることは起業の基本です。

Q 91

デジタルビジネスで広がるサブスクリプション（定額課金）サービス導入を企業側から見た利点として、当てはまらないのはどれか。

❶ 新たな顧客を開拓するためのコストを下げられる。

❷ サービスの改善や新商品の開発につながるデータが集まる。

❸ 顧客のサービスに対する愛着（ロイヤルティー）を高められる。

❹ 損益分岐点を超えるのが早く、新ビジネスを収益化しやすい。

Q 92

2024年1月から始まった新しい少額投資非課税制度（新NISA）では、表のように生涯で利用できる非課税投資枠が拡大し、運用期間も恒久化、制度も簡素化され、主に投資信託による長期の資産形成がしやすくなった。制度の正しい説明はどれか。

新NISAの概要

投資枠	つみたて投資枠	成長投資枠
制度併用	可能	
年間投資枠	120万円	240万円
生涯投資枠	1800万円	

❶ 生涯投資枠には運用で得た利益額も含む。

❷ つみたて投資枠だけで生涯枠1800万円を使ってもよい。

❸ 成長投資枠ではハイリスクの高レバレッジ型投信も対象とする。

❹ つみたて投資枠で買った商品を売るとその分、生涯枠は減る。

　サブスクリプションはもともと「定期購読」の意味で、サブスクリプションサービスは商品やサービスを一定期間利用できる権利に料金を支払うビジネスモデルです。顧客から見ると購入するより安く、途中でやめることもできます。企業から見ると新たな顧客を獲得しやすく、安定した収入を見込めます。いったん獲得した顧客の継続利用を促し長期的な関係を築くにはカスタマーサクセスと呼ぶ働きかけが重要ですが、デジタルビジネスではそのためのデータが集まります。顧客生涯価値（LTV、1人の顧客がその企業にもたらす総利益）を追求するビジネスといわれます。

　ただし、物販モデルに比べると利益が薄いので、収益化するまでの時間は長くなります。❹が間違いで、損益分岐点を超えるまでの資金調達も、サブスク事業を立ち上げる際のポイントです。

　問題文に盛り込まれた新NISAの目的に各選択肢が沿っているかを考えます。選択肢❶については「運用益を含めて」ではなく、「元本ベースで1800万円」にすること（薄価残高方式）で、簡素で使いやすくなっています。❸についてはつみたて投資枠は販売手数料ゼロなど一定の条件を満たした金融庁指定の投資信託のみが対象なのに対し、成長投資枠はリスクがやや高い個別株式や上場投資信託（ETF）も投資対象にしますが、値動きが指数の数倍になる高レバレッジ型投信のようなハイリスク・ハイリターン型の商品は対象ではありません。❹についてはどちらの枠で購入した商品も、売却してもその元本分は翌年、復活します。

　つみたて枠だけで1800万円を使える選択肢❷は長期の資産形成を後押しする目的に合致しており、これが正解です。

Q 93 金融庁が2023年3月期決算から上場企業などを対象に関連情報を有価証券報告書で開示することを義務化した「人的資本」について、ふさわしい記述はどれか。

❶ 定性的な要素なので、数量的なデータの開示は求めていない。

❷ 日本型経営が重視してきた要素で、ジョブ型雇用にはなじまない。

❸ 主要国の中で最長レベルの労働時間の短縮策を最も重視している。

❹ 働く人をコストではなく価値を生み出す資本としてとらえる考え方だ。

Q 94 いわゆるダイバーシティ経営の進化形といわれるDE＆I（ダイバーシティ、エクイティ＆インクルージョン）へのグローバル企業の取り組みとして、ふさわしくない記述はどれか。

❶ 在宅勤務や時差勤務を選択できる制度を設ける。

❷ 国籍・性別・年齢などを問わず全社員に同じ評価基準を設ける。

❸ 職場メンバーが率直に意見を言い合える心理的安全性に留意する。

❹ 海外拠点も含め自社のパーパス（存在意義）の浸透を図る。

　人的資本は人材、または人材が持つ知識や技能、意欲などのことです。財務情報だけで測れない価値ではあるものの、人的資本に関する戦略や指標、目標などの明記を求める中で、従業員の定着率・離職率や人材投資額のほか、人材の多様性を測る女性管理職比率や男女間賃金格差の開示を求めています。就業者1人当たり労働時間は主要国の中でも既に中位で、最も重視する課題とはいえません。日本型雇用（メンバーシップ型）は欧米より「人」を重視していたイメージがありますが、仕事やポストが要求する能力を満たす人材か、そのための教育（リスキリングなど）を行っているかなど人的資本開示が求める要素は、ジョブ型雇用になじみます。

　働く人はコストであるという考え方ではなく、企業に付加価値を生む資本ととらえるという④の記述がふさわしいといえます。

　ダイバーシティ（Diversity）経営は、包括性（Inclusion）を加えたD＆I、さらに公平性（Equity）を加えたDE＆Iを多くの企業が人事戦略の基本に据えています。選択肢❶は多様な人材が多様な働き方を選択できるという意味でダイバーシティに寄与します。❸の「心理的安全性」は、率直な意見を言い合えるという意味で、インクルーシブな職場づくりのキーワードです。❹は国籍も含め多様な人材が一体感を持ち働けるようにする意味で「包括性」の重要な施策と考えられます。

　DE＆IのEは、誰に対しても同じ機会を提供する平等（Equal）でなく、個人差も考慮して「公平」に活躍できるようにするのがポイントです。選択肢❷は、それぞれの人の状況に合わせて育成したり機会を与えたりする公平性（Equity）を確保するような記述なら、ふさわしいといえます。

Q 95

日本からの輸出金額が以下のように推移しているのはどれか。

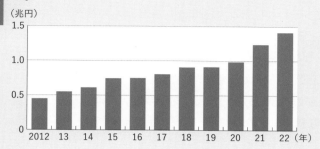

① 医薬品

② 化粧品

③ 農林水産物・食品

④ 鉄道車両

Q 96

以下は住宅以外の建築着工床面積の用途別の推移だ。Aはどれか。

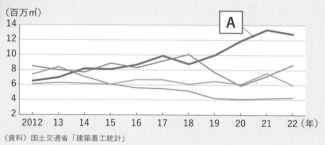

（資料）国土交通省「建築着工統計」

① 事務所

② 工場

③ 店舗

④ 倉庫

　例題解説の「その他の出題形式」で挙げた特定型（グラフ）で、縦軸に示された金額と、横軸に示された時系列での上昇度合いに注目します。2020年ごろから急速に増え、21年に突破した「1兆円」に着目すると、政府がこの金額を目標に設定してきた農林水産物・食品が浮かびます。

　医薬品もここ10年で増えていますが、21年で輸出は約8600億円でした。輸入は約4兆2000億円と入超です。化粧品は15年ごろから中国人観光客の「爆買い」や越境ネット通販で伸びましたが21年で約8000億円でした。鉄道車両は10年代からインフラ輸出の柱として政府が力を入れていますが伸び悩んでいます。なお農林水産物・食品の21〜22年の増勢を引っ張ったのは中国向けホタテ貝輸出で、23年後半は中国による日本の水産物の輸入規制で増勢が鈍りました。

　縦軸のピーク時1400万平方メートル近くという数字だけではぴんと来ませんが、2016〜17年にこの4つの用途の中でいったん最高となり、19年ころから断然トップに立った勢いから考えると、Aは、ネット通販の普及により急速に増えた「倉庫」と特定できます。18年にいったんAを抜き返し22年に2番目なのは「工場」、22年に3番目なのが「事務所」、4番目なのが「店舗」です。

　アマゾンジャパンによると22年の日本国内への直接投資は3カ所の大型倉庫など前年比2割増の1兆2000億円以上。10〜22年の総額は6兆円超でしたが、その多くは物流関連と見られています。第2章練習問題Q40で見た大和ハウス工業が物流施設を不動産開発事業の柱にしているほか、清水建設や鹿島も物流倉庫を重点分野にしています。

Q 97 ロシアのウクライナ侵攻がきっかけとなり日米で研究開発が活発になったテーマとして、最も当てはまるのはどれか。

❶ 次世代原子炉

❷ 次世代電池

❸ 次世代ドローン（空飛ぶ車）

❹ 次世代半導体

Q 98 次世代インターネット「Web3（ウェブスリー）」により起きることとして、当てはまるのはどれか。

❶ 米プラットフォーマーの影響力拡大

❷ 分散型金融サービスの台頭

❸ 仮想現実（VR）技術の精緻化

❹ 対話型人工知能（AI）の性能向上

　それぞれ「脱炭素」などの課題に対応して取り組まれているテーマですが、電池や半導体は「対中国」の要素が大きく、ロシアのウクライナ侵攻を受けエネルギー安全保障が強く意識されたことを背景にした選択肢❶の次世代原子炉が最も当てはまると考えられます。日米は2023年、小型モジュール炉（SMR）などの開発と東欧やアジアを念頭に置いた第三国への輸出での協力に合意しています。

次世代原子炉の種類と特徴

革新軽水炉	既存技術がベース。日本は廃炉原発の建て替えで具体化
小型モジュール炉	主力30万キロワット以下。設備の大半を工場で生産
高温ガス炉	エネルギー効率が高く水素も取り出せる
高速炉	高速の中性子により核燃料を燃やし核のごみも少ない
核融合炉	水素原子の核融合エネルギーを活用、安全性が高い

　Web3とは、利用者が情報を受け取るだけの第1世代（Web1）、発信もする第2世代（Web2）に続く、第3世代のインターネットです。データを特定企業のサーバーでなく、無数の個人のコンピューターに分散して保存・管理するブロックチェーン（分散型台帳）技術を基盤とし、企業にデータを委ねるのではなく、個人が管理・所有することが可能になったのが特徴です。分散型金融（DeFi ＝ Decentralized Finance）はこのWeb3上に構築された技術・サービスで、銀行などが仲介せず、利用者同士が直接、金融サービスを提供したり、利用したりできる仕組みです。

　「米プラットフォーマーの影響力拡大」はWeb2の特徴です。VRとAIはWeb3の中で活用されるものの、Web3により精緻化や性能向上が進むという関係は薄いと考えられます。

Q 99

日本の当面の潜在成長力を押し上げると考えられるのはどれか。

❶ 法人税率の引き上げ

❷ 為替レートの円高

❸ 労働需給のミスマッチ解消

❹ 国民負担率の上昇

Q 100

日本の現在の人口構成などから、以下の出来事が起きると考えられる順番はどれか。国立社会保障・人口問題研究所（社人研）が2023年発表した「将来推計人口」による。

A：総人口が1億人割れ　　B：外国人が総人口の1割に
C：高齢化率が3割突破　　D：年間死亡者数がピークに

❶ C → D → B → A

❷ D → C → A → B

❸ C → D → A → B

❹ D → C → B → A

　潜在成長力とは企業の生産活動に必要な資本や労働力を過不足なく活用した場合に達成できる経済成長率です。企業の設備などの資本、労働力、全要素生産性（技術進歩や人的資本の向上）の3要素で計算します。企業の投資を促す政策は成長力を押し上げますが、選択肢❶の記述は反対です。円高は企業の海外生産シフトを促すマイナス効果があります。国民負担率（国民所得に占める税と社会保障負担の比率）上昇は消費支出のほか貯蓄も減らすので投資に回るお金が細り、潜在成長率の低下につながると考えられます。

　❸の労働需給のミスマッチ解消は成長する分野に労働力を振り向けるため、潜在成長力を引き上げます。最近の日本の潜在成長率は約0.5％と主要7カ国（G7）の中でイタリアに次ぎ低く、国民負担率は最高です。

　将来推計人口は5年に1度の国勢調査から将来の総人口（外国人含む）や年齢構成を推計しています。高齢化率（総人口に占める65歳以上）は2020年国勢調査時点で既に約29％、その3割突破は近いはずです。第3章入門解説の図表3-7で見た出生数で最も多いのは1947〜49年生まれ（団塊の世代）。平均寿命を考えると死亡数は2040年ごろがピークかと推測できます。総人口は23年12月時点で約1億2400万人で前年比約60万人減でした。日本人のみなら同80万人減で、このペースは今後加速します。外国人比率は同時点で2.5％と、ここ10年で約1％上昇しています。

　社人研の「中位推計」ではCが2027年、Dが2040年（約167万人）、Aが2056年、Bが2067年の順＝❸です。2070年の人口は8700万人、2100年は中位推計で6300万人、低位推計で5100万人としています。

まとめ・出題テーマと学習のコツ

　第1〜5章の解説と練習問題で、日経TESTが測る経済知力の中身と形式をつかんでいただけたと思います。ここではこれからテストを受験される方に向け、出題されることが多いテーマを整理したうえで、知識と考える力を身につける学習法について補足します。本編は5つの評価軸別でしたが、ここでは6つのジャンル別に見ます。評価軸とジャンルの関係を改めて図に示しました。経営環境（E）のジャンルであれば、基礎知識（B）の問題なら「ジャンルEのB軸問題」、知識を使って帰納的に考える（I）問題なら「ジャンルEのI軸問題」です。以下では知識の評価軸の問題を「知識問題」、考える力の評価軸の問題を「知力問題」と呼びます。

経営環境（Environment） GDPなど「世界の中の日本経済」を意識

　このジャンルの出題範囲は、景気と経済指標、グローバル経済、人口と資源などに分かれます。景気と経済指標は主に国内経済について、国内総

日経TESTの5つの評価軸×6つのジャンル

		E	C	F	L	M	T
B	基礎知識（Basic）	経営環境（国内外のマクロ経済動向）	企業戦略（個別業界・企業動向）	会計・財務（財務3表・経営指標・金融）	法務・人事（ビジネス関連法・企業統治・雇用）	マーケティング・販売（分析手法・販売戦略・小売業）	生産・テクノロジー（生産技術・デジタルなど新技術）
K	実践知識（Knowledge）						
S	視野の広さ（Sensitive）						
I	知識を知恵にする力（Induction）						
D	知恵を活用する力（Deduction）						

60問 ← B・K・S

40問 ← I・D

100問

生産（GDP）、金融政策、為替市場の動きなど第1章前半で取り上げたテーマを対象とし、主に基礎知識の評価軸で出題されます。グローバル経済は米国、中国、東南アジア、欧州など主に第2章前半で取り上げたテーマです。実践知識の評価軸で多く出題されますが、各国の経済成長率や経常収支に関する第4章練習問題（**Q71**）のように、知力問題として出題されるパターンもあります。

米大統領選挙など内外の政治、ウクライナや中東など国際情勢、第3章練習問題で取り上げたアフリカ、南米を含めたグローバルサウスの動向などは、視野の広さの知識問題で出題されることが多い題材です。

このジャンルで特に意識しておきたいのが「世界の中の日本経済」の理解です。2023年はこれまでGDPの総額で世界3位だった日本がドイツに抜かれ、世界4位になったと見られます。ここで、「4位になった」事実を知っているかどうかが知識問題、4位に落ちた理由とその背景・意義をつかんでいるかどうかが知力問題です。

今回のGDP逆転は直接的には円安による日本のドル換算GDPの目減りとドイツの物価上昇（GDPの名目額が膨らむ）によりますが、人口が3分の2のドイツに抜かれたことは2010年に人口が10倍以上の中国に抜かれた際と質的に異なり、日本の「稼ぐ力」の低下を象徴しています。

企業戦略（Corporate Strategy） 企業の動きに共通するテーマをつかむ

このジャンルは第2章入門解説後半で見た自動車、電機、小売りなど主な業界・企業に関する知識と、第1章入門解説末尾で見た経営戦略、第2章入門解説末尾で見た企業買収に関する知識がベースになります。知力問題としては、第4章練習問題で取り上げた垂直統合・水平分業、円高メリット・デメリットなどをテーマにした出題パターンがあります。

電気自動車（EV）シフトを軸に大変革が起きている自動車業界は、最も多く出題される分野です。既存の自動車業界は典型的な垂直統合モデルでしたが、ソニーグループとホンダの提携のような水平分業が台頭する一方、米テスラは独自の垂直統合モデルをとるといったビジネス構造を理解しておくことがポイントです。用語を知っているかどうかが知識問題、そ

の目的や背景をつかんでいるかが知力問題です。第4章練習問題**Q65**、**Q66**のように、企業名を列挙した群提示型のパターンもあります。「脱炭素」「デジタルトランスフォーメーション（DX）」など、企業の動きに共通するキーワードを普段から意識しておくことが役に立ちます。

　出題対象となる業界は第2章入門解説で9項目に分け概観し、同章練習問題で鉄鋼、医薬品、住宅・建設・不動産、第4、5章の練習問題でもその他の業界の代表的企業を取り上げましたが、紙幅に限りがあります。より知識を深めたい方には日本経済新聞出版の『日経業界地図』を手元に置くことをお勧めします。後ほど「学習の参考」コーナーで紹介します。

会計・財務（Finance）　財務3表を読む会計リテラシー＋金融知識

　このジャンルは財務3表の知識に基づく企業会計が主な出題対象です。第1章入門解説後半で、損益計算書、貸借対照表、キャッシュフロー計算書の構成と、自己資本利益率（ROE）など主な経営指標のほか、株式市場で使われる株価純資産倍率（PBR）などの指標について解説しました。**図表1-26**で図解した、企業が貸借対照表の右側をどう調達しているかに関する「ファイナンス」の問題もあります。

　これらの知識を使って考える知力問題として、第4章練習問題では売上高と営業利益からどの企業かを特定する問題（**Q72**）、第5章練習問題では損益計算書、キャッシュフロー計算書から企業がビジネスをどう展開しているかを読み取る問題（**Q87**、**Q88**）などのパターンがあります。「ビジネスの共通言語」ともいわれる財務3表を理解できる、会計リテラシーを測っています。

　株式・債券・投資信託などの金融商品もこのジャンルの出題対象です。2024年1月にスタートした新しい少額投資非課税制度（新NISA）については、第5章練習問題**Q92**で取り上げました。「貯蓄から投資へ」が課題となっている日本の家計金融資産の構成や、なぜ今、新NISAが導入されたかという背景・流れをつかんでいると、制度の中身を理解しやすくなります。インフレで日本にも「金利のある世界」が訪れつつある中で、金融リテラシーは改めて重要になります。

法務・人事（Law） 企業統治、人的資本、ビジネスと人権なども

　このジャンルで出題するテーマは、会社と法制度、ビジネスと法制度、働き方と法制度と3つに分かれます。それぞれの基本は第1章入門解説の後半にまとめました。会社についてはコーポレートガバナンス（企業統治）やコンプライアンス、ビジネスについては知的財産権や独占禁止法・下請法、働き方については労働基準法などに関する知識や企業の雇用制度（シニア雇用やジョブ型雇用の動きなど）が主な出題対象です。

　働き方に関しては2019年度から働き方改革推進法に基づく残業時間の規制が適用されていますが、5年間猶予されていた建設業と運送業（トラック運転手）にも24年度から上限規制が適用されました。関連業界にも広く影響する「2024年問題」として、重要なテーマです。

　企業統治に関しては、東京証券取引所の市場改革で上場企業に適用された「改訂コーポレートガバナンス・コード」の内容や、機関投資家による「ESG投資」の内容・動向がよく出題されます。

　金融庁が上場企業などに有価証券報告書での開示を義務化した「人的資本」は第5章練習問題**Q93**で取り上げました。関連して人的資本への投資としてのリスキリング（学び直し）や、ジョブ型雇用導入との関係なども重要なテーマです。第4章練習問題**Q68**で取り上げたビジネスと人権のかかわりなども、押さえておきたい知識・考え方です。

マーケティング・販売（Marketing） 分析手法を押さえトレンドも幅広く

　このジャンルはまずマーケティングの分析手法について押さえておくことと、最近よく使われるデジタルマーケティングの用語を理解しておくことが重要です。知力問題としてよく出題されるのが販売戦略です。OMO（オンラインとオフラインの融合）やサブスクリプション（定額課金）は第4〜5章の練習問題で取り上げました。このほか価格差別戦略として最近、コカ・コーラボトラーズジャパンが自動販売機に導入し話題になったダイナミックプライシング（変動価格制）などもよく出題されます。

　第3章入門解説で取り上げた「人口構成と世代」に関連したZ世代の動向など消費トレンドや、それが生み出すヒット商品などもこのジャンルの

出題の対象です。日経MJ（流通新聞）が毎年発表する「日経MJヒット商品番付」に登場する商品やサービスは、視野の広さの知識問題などでよく取り上げられます。第4章練習問題**Q79**に登場した「chocoZAP（チョコザップ）」は23年の同番付の「東の小結」でした。同年の番付でその1つ上位の「東の関脇」にランクインしたYOASOBIの楽曲「アイドル」（アニメ「【推しの子】」の主題歌）などエンタテインメント関連の動きなども、世界的にヒットした理由も含めてつかんでおきたい知識です。

このほか第2章入門解説の「小売り」の項目で取り上げたスーパー、コンビニ、ドラッグストアなどの動向も、販売戦略に関連する場合はこのジャンルの出題対象です。

生産・テクノロジー（Technology） ビジネスを変革する技術に注目

このジャンルは幅広く、第1章入門解説後半で見た生産技術や技術革新（イノベーション）に関する理解は基礎知識、第2章入門解説の自動車、半導体、通信などに関する項目に登場する技術は実践知識、第3章入門解説で取り上げた脱炭素や人工知能（AI）に関する科学としての知識は、視野の広さの評価軸でよく問われます。例えば「脱炭素」というキーワードなら、そもそも化石燃料とは、水素とは、といった一般知識からつかんでおくと、新しい動きへの理解も深まります。

AIや量子コンピューター、Web3（ウェブ3）、ビッグデータなどデジタル技術、洋上風力発電、次世代原子炉などエネルギーに関するテーマは、知力問題の題材としてもよく取り上げられます。第4章練習問題**Q80**では生成AIを取り上げましたが、言葉として知っているだけでなく、AIとはそもそも何か、ビジネスにどう活用されているかを理解していると「使える知識」になります。

このほか本年版で取り上げられなかった重要なテーマとしては、ゲノム編集や再生医療などバイオ技術関連などがあります。「宇宙」に関しては第3章練習問題**Q46**で日本も2024年月に世界で5カ国目の月面着陸を果たした「月面探査」を取り上げましたが、ロケット打ち上げビジネスや宇宙ベンチャーの動向なども含め、よく出題されます。

経済知力の身につけ方

本書の知識をベースに、日々の経済・ビジネスの動きを理解し追う

　以上6つのジャンル別に出題領域と、よく出題されるテーマを概観しました。本書はすべての出題内容に対応しているわけではありませんが、それぞれのジャンルの「ツボ」となるキーワードやポイントはほぼ網羅しています。この知識をベースにすれば、日々報じられる、円相場や株価、国内外の経済指標、日銀の金融政策、個別企業の業績やM&A（合併・買収）などの経済ニュースが身近に感じられ、その背景や今後の展開の解説などものみ込みやすくなるはずです。

　日経TESTは能力測定のためのテストであり、上記のように経済・ビジネスの動きを理解し追っていけているかどうかの力を測るものです。各ジャンルについて、教科書的に勉強することも大事ですが、まずは日々起きる経済・ビジネスの出来事を理解し追い、分からない点は確認していくことが、経済知力アップのための何よりのコツです。

　そのためのお手伝いとして、日本経済新聞社の日経電子版では、経済・ビジネス用語を分かりやすく解説したり、興味のあるジャンルのニュースを深掘りしたり、特定テーマの過去の記事をまとめて読み知識を深めたり、異なる立場の識者の意見に接したりといった、様々なニーズに応じた機能やコンテンツを用意しています。このようなツールを活用して普段から経済・ビジネス情報に接していると、経済知力のアップをいっそう実感できると思います。

　日経TESTの特長は、単に経済・ビジネスの知識を測るだけではない、考える力を測る問題があることです。第4〜5章の例題解説では、日経TESTの出題の4割を占める知力問題について、主な出題形式を図解も交えて示しました。帰納的推論力＝知識を知恵にする力、演繹的推論力＝知恵を活用する力を測るそれぞれの問題の「型」を知っておけば、出題意図をつかみやすくなるはずです。

　そのうえで、前者については様々なニュースに共通するキーワードをつかんでおくこと、後者については「なぜそうなったか」の因果関係を普段から意識しておくことが大事です。特に第5章の最後の練習問題**Q100**で

テーマにした「日本の総人口と年齢構成はこれからどうなるか」の理解は、皆さんがビジネスで今、直面する課題にも深くかかわるはずです。1995年の8276万人がピークだった生産年齢人口（15〜64歳）は既に7500万人を割り、2032年には7000万人、43年には6000万人を割る見通しです。

　最後に、第5章の例題解説でも触れましたが、経済・ビジネスの課題に対する「正解」は1つではありません。本書の練習問題でも実際のテストでも、問題によって「正しいのはどれか」でなく「最もふさわしいのはどれか」という聞き方をするケースも目立つのはそのためです。日経TESTが求める正解は「妥当解」であることは、知力問題を解く際に頭に入れておいていただくとよいと思います。

学習の参考

　最後に、日経TESTのスコアアップにも役立つ、日本経済新聞グループの書籍を紹介します。それぞれ本書では紙幅上触れられなかった、さらに幅広い業界知識や用語、分野をカバーしています。

- ●『日経業界地図2024年版』（日本経済新聞社編）
  185の業界の4600の企業・団体が登場し、それぞれの業界の主な企業の概要・特徴・提携・ライバル関係などが図解されています。ニュースに登場する企業のプロフィルも簡潔につかめます。

- ●『いまを読み解く45の分析　Q&A日本経済のニュースがわかる！2024年版』（日本経済新聞社編）
  最近のニュースについての疑問に日本経済新聞の記者がQ＆A形式で答えています。政治、国際、科学などの分野も幅広く扱っています。

- ●『日経キーワード2024-2025』（日経HR編集部編）
  11のテーマに分けたキーワード500語以上を解説しています。就職・資格・昇進試験などで問われる時事用語を網羅した、キーワード解説集です。経済以外の一般知識の用語も豊富です。

日経TESTの実施要項、種類など

　日経TESTには、同時期に日本全国で実施する「全国一斉試験」と、全国主要都市のCBT（コンピューターによる試験）施設を選んで受験する「テストセンター試験」、企業・団体向けに随時実施可能な「企業・団体試験」があります。以上3つは出題する問題は異なりますが、同一形式・同一尺度で経済知力を測るテストです。このほか企業・団体専用で社員研修などに活用いただける日経TEST準拠教材「研修ドリル」もあります。

　それぞれの試験概要は以下です。受験料は2024年10月改定時点。

種別	全国一斉試験	企業・団体試験	テストセンター試験	研修ドリル
目的	能力を測定	能力を測定	能力を測定	教育・研修
時期	同時期に 全国一斉に実施	任意の日時に実施	随時実施 （試験施設と個別に調整）	任意の日時に実施
実施場所	ご自宅など	任意の会場 （社内の会議室など）	試験施設	任意の会場 （社内の会議室など）
分析	項目反応理論による スコア制	項目反応理論による スコア制	項目反応理論による スコア制	点数（素点）と 参考スコア
方式	ウェブ	ウェブまたは 筆記	ウェブ	ウェブまたは 筆記
時間	80分	80分	80分	40分
問題数	100問	100問	100問	日経TEST準拠50問
成績	スコア、偏差値、 分析、講評	スコア、偏差値、 分析、講評	スコア、偏差値、 分析、講評	点数（素点）、参考スコア、 正解と解説
問題・正解	非公開	非公開	非公開	正解・解説冊子とともに 受験者・企業に提供
受験料	6,600円	6,600円	6,600円	6,600円

全国一斉試験（オンライン試験）について

　インターネットに接続されたカメラ付きパソコンを使い、ウェブ受験します。日本国内であれば、ご自宅など、どこでも受験可能です。公正な試験運営のため、受験中は監視を行います。

　企業・団体・大学などの単位で社員・職員・学生の受験を申し込むことも可能です。受験された団体には参加した社員・職員らの「成績一覧表」、まとめて傾向を分析した「団体分析表」を無料で提供します。

　2024 年の全国一斉試験（オンライン試験）の実施日時、お申し込み、受験要領の詳細などは、下記ウェブサイトでご確認ください。

　https://school.nikkei.co.jp/nn/special/ntest/lpexam.html

テストセンター試験について

　全国のテストセンター（主要都市にあるパソコン教室・専門学校などの CBT 施設）で、受験可能な日を選び受験します。全国一斉試験と同様、企業・団体単位での受験も受け付けます。詳細は下記ウェブサイトでご確認ください。

　https://school.nikkei.co.jp/special/ntest/individual/center.html

企業・団体試験と研修ドリルについて

　企業・団体単位でお申し込みいただく日経 TEST「企業・団体試験」は、社員の昇進・昇格や人事考課、学びの習慣づけなど意識改革、新入社員・内定者研修や採用選考などでの利用を想定しています。

　全国一斉試験、テストセンター試験と出題する問題は異なりますが、同一形式・同一尺度で経済知力を測ります。集合形式でマークシート方式の

筆記試験を実施する場合は、日経TEST事務局から試験監督を派遣します。試験監督派遣料が別途必要です。団体分析表のほか、業界内での位置などを分析した比較診断分析表をオプション（有料）で提供します。パソコンでのウェブ受験をご利用の場合は、ウェブ監視を受けながら受験する方法、もしくは事業所内で監視をしていただきながら受験をする方法のいずれかを選んでください。

　研修用に日経TESTの問題に準拠したテスト問題を提供し、ご希望により講義などもセットで提供するのが「研修ドリル」です。問題数は日経TESTの半分の50問で、実際の日経TESTを受験した場合を想定した「参考スコア」を算出。問題冊子と正解・解説冊子は提供します。研修目的での活用に、日本経済新聞社の研修・解説委員を派遣する「解説講義」をオプションメニューとしてご用意しています。

　企業単位で日経TESTを活用している法人は、全国一斉試験への法人単位での参加も合わせて多数に上ります。以下は企業の活用例です。

対象	社員の意識改革	教育・研修	人事考課	昇進・昇格	採用試験
入社前		学びの習慣づけ　ビジネスに必要な基礎知識の育成	入社前の現状把握		入社試験
新人（1年未満）	学びの習慣づけ　視野を広げる	ビジネスに必要な知識と考える力の育成	入社時の現状把握		中途採用試験
若手・中堅	学習意欲の喚起	次世代ビジネスリーダーの育成	能力開発の達成度把握	若手選抜試験　幹部候補登用試験	中途採用試験
管理職	学習意欲の喚起	ビジネス創造力・問題解決能力の育成	知識量と考える力を把握	管理職試験	中途採用試験
社員横断的に	学びの習慣の確立	「気づき」の重要性の認識向上	自己研鑽奨励		

索 引

日経経済知力テスト
公式テキスト&問題集
2024-25年版

2024 年 3 月13 日　1 版1 刷
2024 年 11 月20 日　　　6 刷

編　者	日本経済新聞社
	©Nikkei Inc.,2024
発行者	中川ヒロミ
発　行	株式会社日経BP
	日本経済新聞出版
発　売	株式会社日経BPマーケティング
	〒105-8308　東京都港区虎ノ門4-3-12
タイトルデザイン	佐藤可士和
カバーデザイン	奥瀬義樹
ブックデザイン	尾形 忍(Sparrow Design)
本文組版	マーリンクレイン
印刷・製本	三松堂

ISBN978-4-296-11987-5